KB262093

그리스도를 위한 나그네

그리스도를 위한 나그네
골롬반의 생애와 친서들

2016년 5월 2일 교회 인가
2016년 11월 23일 초판 1쇄

지은이   토마스 오 퓌
옮긴이   유정원
펴낸이   박현동
펴낸곳   성 베네딕도회 왜관수도원 분도출판사
등록   1962년 5월 7일 라15호
주소   39889 경북 칠곡군 왜관읍 관문로 61
전화   02-2266-3605(출판사업부) · 054-970-2400(인쇄사업부)
팩스   02-2271-3605(출판사업부) · 054-971-0179(인쇄사업부)
홈페이지   www.bundobook.co.kr

978-89-419-1620-8   03230
값 14,000원

그리스도를 위한 나그네

골롬반의 생애와 친서들
Columbanus in his own words

토마스 오 퓌 지음   유정원 옮김

분도출판사

✷ 차례

서문

성 골롬반은 아일랜드 역사에 처음 등장하는 이들 중 한 명이다. 그는 저술을 남긴 첫 아일랜드 작가이자, 아일랜드인이라는 정체성에 대해 전하고 자신이 아일랜드인임을 드러낸 글을 남긴 선구적 인물이다.

렌스터Leinster에서 태어난 그는 벨파스트 호숫가의 뱅거Bangor 대수도원에서 중년에 교사로 명성을 날렸고, 591년경 동료들과 함께 아일랜드를 떠나 유럽 대륙을 여행하였다. 그곳에서 왕족의 지원을 받아, 보주 산맥에 있는 아네그레, 퐁텐느, 뤽세유, 보비오에 잇달아 수도원을 세웠다. 얼마 안 있어 뤽세유와 보비오는 주요한 영성-문화 중심지로 성장했고, 유럽 그리스도교를 이끌어 갈 토대를 만들어 내었다. 그가 집필한 수도규칙서를 배우고 익혀서 실천한 수도원들은 그 후에 설립된 수도원과 수도승들의 모범이 되었고, 615년 그가 서거한 후에도 오랫동안 골롬반 수도회의 이상으로 지속되어 왔다.

골롬반의 건실한 인격은 그가 남긴 규칙서와 설교문, 특히 교황들과 자신의 동료들에게 쓴 편지에 드러나 있다. 이 저작들에는 골롬반의 깊은 영성과 수도규칙을 솔선수범하여 지킨 사실이 조화롭게 담겨 있다. 테오데릭Theuderich 왕가와 불화를 일으켜 아일랜드로 돌아갈 날을 기다리면서 골롬반이 동료들에게 쓴 편지글은 수세기가 흘렀어도 정서적 공감을 불러일으킨다. "내가 쓴 글은 편안한 듯하지만, 커다란 슬픔으로 말을 못할 지경입니다. 흐르는 눈물에 연연하지 말고, 그 원인을 살피는 것이 낫겠지요. 용감한 군인이라면 전쟁을 한탄하고만 있지 않을 테니까요." 한편, 그는 권력자들이 불의하게 권력을 휘두를 때면 직접 행동에 나섰다. 그는 교회의 최고 목자가 고결한 지도력을 보여 주길 기대했다. 골롬반은 그렇지 못한 사람에게 맞서는 것을 의무라고 보았다. 교황 비길리우스의 실책 때문에 차기 교황으로 임명된 보니파시우스 4세에게, 골롬반은 특별히 강력한 말을 전달했다. "그러므로 깨어 있으십시오(Vigilia). 교황께 요청합니다. 그리고 다시 말씀드립니다. 깨어 있으십시오(Vigilia). 비길리우스Vigilius는 깨어 있지(Vigilavit) 않은 것 같기 때문입니다." 골롬반이 남긴 업적들과 활동을 보건대, 그가 죽은 지 30년도 안 되어 보비오 수도원의 요나Jonas가 『성 골롬반의 생애』를 집필한 것은 놀랄 일이 아니다. 이것은 아일랜드의 첫 번째 전기로, 골롬반은 아일랜드 위인전의 첫 주인공이다.

많은 학자들은 골롬반의 처신이 교만하거나 호전적이었다고 말한다. 그들은 골롬반을 자신만만하고 거친 아일랜드 사내로 본다. 그러나 오늘날 독자들이 이해하기 어려운 그의 표현 방식을 보면, 그가 중시한 신학적 중요 내용과 영성적 깊이는 대부분 교부들의 성경 이해와 저술에 기초하고 있다. 그는 자기 자신과 자신이 속한 교회가 직면한 문제들을 해결하기 위해 교부들의 지식을 적용했다. 그가 편지와 설교들에 밝혀 놓은 빈곤한 지도력의 원인들, 특히 영적 원인들은 1500여 년 전 골롬반이 살던 시대뿐만 아니라 오늘날에도 그대로 해당된다. 골롬반에게 지도력이란 개인적 야망을 실현하기 위한 것이 아니라, 다른 이들에게 봉사하기 위한 것이다. 이 순서가 바뀌었을 때 문제가 터져 나오기 시작한다. 지도자들이 자신의 힘을 사람들과 제도의 발전 및 풍요를 이루기 위한 것으로 보지 않고, 사리사욕에 눈이 멀어 권력을 휘두를 때 악이 발생한다. 자기가 속한 조직의 물질적 토대나 평판을 신자들의 영적 평화보다 앞세우는 목자는 스스로 재난을 초래하기 마련이다. 세속화된 성직자는 다른 이의 방종을 경고하거나 꾸짖을 수 없다. 특히 범죄자가 강력한 힘을 가지고 있다면, 자신과 자기 교회의 재산 및 명성이 위기에 부딪혔을 때 치명상을 입게 될 것이다. 이런 이유로 골롬반은 수도자들이 최고의 영적 안내를 받아야 한다고 믿었다. 세상과 거리를 둔 수도자들은 공격할 수가 없다.

그들은 자기 재산이나 가족이 위협을 받는다 해도 거리낄 게 없다. 그들에겐 재산도 가족도 없기 때문이다. 골롬반은 이들 수도자에게 목숨을 내놓으라 해도 끄떡없다는 내용의 편지를 갈리아(현 프랑스)의 주교들에게 써 보냈다. 그 수도자들은, 자기 양 떼를 위해 자신의 생명을 내어놓은 선한 목자(요한 10장)를 따른다. 골롬반의 비유는 갈리아의 주교들이 물질적인 것에 너무 마음을 쓰기 때문에, 제대로 지도하기 어렵다고 넌지시 말한다. 골롬반은 그들이 세상과 인연을 끊지 못한 사례를 교황 대 그레고리우스에게 보낸 편지 말미에 적어 놓았다. 성직의 지위에 오른 후에도 계속 자기 부인과 동침한다는 그들의 고백과 경험을 그는 지적한다.

유럽 각지의 성지와 도시들, 주요 조형물들에는 골롬반의 이름이 새겨져 있는데, 이것은 성 골롬반을 향한 존경심이 널리 퍼졌음을 알려 준다. 실제로 그는 아일랜드 사람인 동시에 유럽인의 의식을 가지고 글을 썼다. 최근에 교황 베네딕도 16세는 골롬반이 교황 보니파시우스에게 보낸 편지에서, "최초로 유럽 대륙의 교회라는 표현과 아울러 '전체 유럽'(totius Europae)이라는 표현을 발견했다"고 말했다. 골롬반은 갈리아의 성직자들에게 보낸 편지에서 유럽 교회의 일치라는 주제를 그리스도인들에게 상기시키려 하였다. 교회 안에서 국가에 대한 충성과 인종적 정체성이 영성적 정체성으로 대체되었다고 말하면서, 영성적 정체성의 의미를 부각시키고 있다. "프랑스인이든 영국인이든 아일랜드인이든 어떤 인종이든 간에, 우리는 모두 한 몸의 지체를 이루고 있기 때문입니다.”
이것은 수사학적 미사여구에만 그치지 않는다. 여기서 골롬반은
교회를 한 몸으로 본 고대의 이미지를 사용한다. 한 몸 안에서 개
개 구성원들은 결합하고, 그 연대의 실천은 전체를 좋은 방향으로
이끌어 왔다. 교회라는 한 몸 안에서 구성원들을 묶어 주는 덕목은
자비, 카리타스caritas다. 구성원들은 개인적 관심사가 아니라 다른
이들의 필요를 의식하고 행동해야 한다. 이런 까닭에 골롬반이 살
던 시대에 교회를 뒤흔드는 분열은 심각한 위협으로 다가왔다. 그
것은 사랑의 유대와 그리스도교 공동체의 뿌리가 찢겼음을 뜻했
다. 그리스도인들이 사도 시대의 교회, 즉 그리스도에 기초한 교
회의 일치와 사랑에서 떨어져 나가 버렸다고 느꼈던 것이다. 골롬
반은 지난 호시절로 돌아가려는 근본 이유를, 교회가 일치를 되찾
고 그리스도의 가르침을 증거하기 위해서라고 밝힌다. 과거 모습
을 잊어버리는 것은 철저한 배신이다. 이는 자기 배반 행위이자,
자신의 뿌리를 부정하고 정체성을 잃어버리는 일이다.

골롬반이 미친 영향력은 그의 사후에도 오랫동안 지속되었고,
아일랜드 출신의 여러 성인 및 학자와 마찬가지로 이 섬의 명성을
높이는 데 결정적 역할을 했다. 그는 아일랜드가 ‘유럽 서쪽에 멀
리 떨어져 고립되어’ 있지만 그리스도교가 극적으로 들어왔음을
묘사하였다. 그리스도교는 태양처럼 동방에서 떠올랐다. 태양이
하늘을 가로질러 여행하듯이, 그리스도교가 서방의 최종 도착지

인 아일랜드에 와서 완성되었듯이, 선교는 아일랜드 교회가 모든 이의 구원을 전할 때 완성된다. 골롬반은 이것을 아일랜드인의 참회 전통으로 표현하였다. 9세기 중엽, 골롬반의 추종자였던 성 갈 St Gall의 전기 작가는 '우리에게 영광의 빛을 가져다준' 아일랜드의 골롬반과 동료들의 기여를 인정한다. 아일랜드를 향해 비추던 그리스도교의 빛이 이제는 반대 방향을 비춘다. 골롬반의 가르침을 받은 아일랜드인은 복음 선포자로서, 유럽 서쪽에서 가져온 구원의 빛을 동쪽에 심었다. 이런 관점에서 골롬반에 관한 전승들은 그의 신념을 반영하고, 유럽 세계의 변방인 아일랜드의 참회 전통은 서구 유럽에 영적 풍요와 문화적 풍요를 가져왔다.

1974년 출판된 요나의 『성 골롬반의 생애』와 업적들에 대한 자료 모음을 가지고 토마스 오 퓌Tomás Ó Fiaich는 폭넓은 독자들이 쉽게 읽을 책을 만들었다. 이를 통해 그리스도교 문화와 역사의 뿌리들을 알려 주는 중요한 일을 수행하였다. 원본을 살린 이 시의적절한 토마스 오 퓌의 신집은 골롬반의 가르침을 새로운 세대에 전해 줄 것이다.

2012년 2월 15일
대미언 브라캔(코크 대학교 역사학과 교수)

^{제1부} 유럽의 첫 선교 수도승, 골롬반

성 골롬반의 스테인드글라스. 골롬반의 왼쪽 어깨에 성인의 이름을 뜻하는
비둘기가 앉아 있다. 보비오 수도원 지하 성당 소장.

1 펜 뒤의 사람

누가 풋내기의 말에 귀 기울일 수 있을까요?

누가 즉각 반박하지 않을는지요?

이런 것들을 감히 나서서 말할 건방진 초짜는 누굴까요?

―성 골롬반, 다섯 번째 편지

요나Jonas는 618년 보비오 수도원에 입회하였다. 이 수도원은 그가 입회하기 고작 5년 전에 설립된 신생 수도원이었다. 창설자인 골롬반은 요나가 입회하기 3년 전에 죽었으나, 그를 알고 있는 이들의 대화 속에서 이미 전설적인 인물이 되어 가고 있었다. 요나는 스스로 골롬반의 생애를 집필할 운명이라고 생각할 만큼 이상적인 상황에 있었다.

요나는 수사Susa라는 도시에서 태어났다. 그곳은 피에몬테 알프스에 있는 쾌적한 지역으로, 현 프랑스 국경에서 12킬로미터 정

도 떨어져 있다. 고대 로마 시대로부터 2천 년 가까이 흐른 최근에
도 그곳의 유적들은 잘 보존되어 있다. 요나는 수사와 보비오에서
(로마의 역사가) 리비우스와 (로마의 시인) 베르길리우스에 대해
연구했으며, 당시 그곳은 그들의 삶을 되살리려는 분위기였다. 그
는 라틴어 성인전들을 읽었다. 술피키우스 세베루스가 쓴『투르의
성 마르티노의 생애』, 포르투나투스가 쓴『푸아티에의 성 힐라리
우스의 생애』, 밀라노의 파울리누스가 쓴『성 암브로시우스의 생
애』가 그것이다. 요나는 이 성인전들을 보고 '보비오 수도원 창설
자인 골롬반의 생애를 간단히 정리해 볼까?' 하는 첫 마음을 가졌
거나, 자기와 골롬반의 이름이 뜻이 같다는 데 마음이 동했을지 모
른다. 히브리 이름인 요나는 라틴어로 골롬바columba, 즉 비둘기라
는 뜻이다.

골롬반의 후임자인 보비오 대수도원장 아탈라Attala는 요나를
자신의 대리인이자 비서로 삼았고, 골롬반에 관해 알려지지 않은
많은 정보를 전해 주었다. 요나는 뤽세유 수도원 때부터 골롬반을
따르던 수도자들뿐만 아니라, 보비오 수도원에서 말년의 골롬반
과 함께 살았던 수도자들을 만났다. 베르툴프Bertulf는 보비오 수도
원의 세 번째 대수도원장이자 갈리아 토박이로 일찍부터 뤽세유
에서 수도생활을 해 왔다. 요나는 그의 비서로서 628년 로마로 가
서 교황 호노리우스Honorius와 함께 보비오 수도원 문제를 놓고 협
상을 벌였다. 이후에 그는 골롬반의 유명한 제자였던 에우스타시

우스Eustasius 대수도원장이 머물던 뤽세유 수도원으로 갔다. 에우스타시우스는 골롬반이 죽기 전에 그를 계승한 애제자였으며 뤽세유에서 자신의 소임을 기쁘게 실행하고 있었다. 뤽세유 수도원 방문 즈음에 요나는 콘스탄스 호수 근방의 알프스를 가로질러 긴 여행을 했다. 그 호숫가는 갈Gall이 은둔하던 곳이자 갈의 이름이 현재까지 남아 있는 장소로, 그가 골롬반과 갈라설 때까지 함께 지낸 곳이다.

630년이 저물 무렵 요나는 보비오 수도원으로 돌아왔다. 그는 수차례 여행을 통해 골롬반에 대해 가장 잘 알려 줄 수 있는 사람들을 만났고, 뤽세유 수도원의 수도승들을 통해 갈리아 전역에 수도 정신이 퍼졌음을 알게 되었다. 이렇게 요나는 골롬반 전기를 집필하기에 적절한 사람이 되었다. 베르툴프 대수도원장과 수도 공동체는 그에게 골롬반 이야기를 쓰라고 촉구하면서, 3년 동안 다른 직무를 면제해 주었다. 정확한 이유는 모르지만, 요나는 그 지역 주교인 아망드Amand가 전도 활동하던, 현 벨기에 지역으로 보내졌다. 벨기에에서 북동 프랑스로 오면서 운 좋게도 요나는 하느님 안에서 골롬반을 자기 아버지로 모시는 귀족 가문의 남매 세 사람과 만났다. 카뇨알드Chagnoald는 랑Laon의 주교로, 일찍이 뤽세유에 있던 골롬반 공동체의 일원이었다. 파로Faro는 당시 모Meaux의 주교였고, 뤽세유에서 추방당한 골롬반을 자신의 가족이 환대하도록 이끌었다. 두 사람의 누이인 파라Fara는 어렸을 때 골롬반

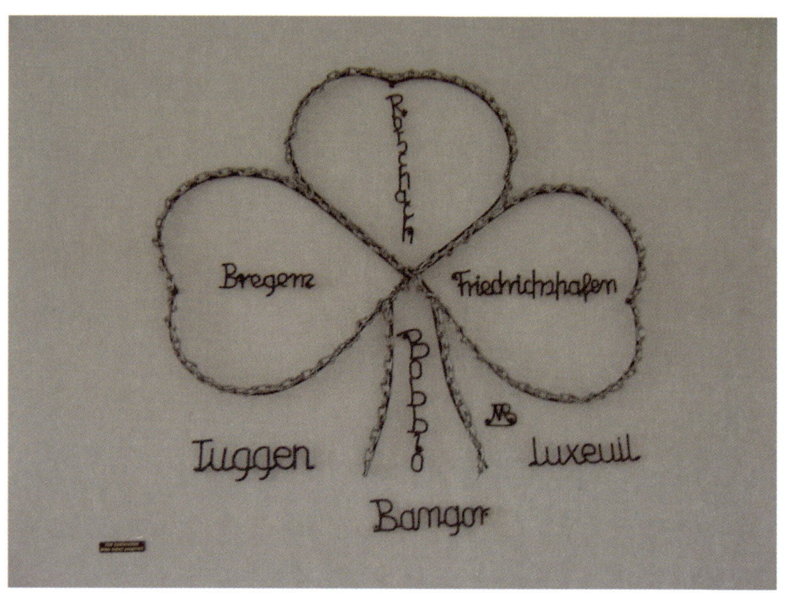

성 골롬반의 고국인 아일랜드를 상징하는 샴록shamrock 모양에 골롬반이 순례한 선교 지역의 이름을 새겨 놓았다.

을 통해 하느님께 봉헌되었고, 에보리아쿰Evoriacum 수도원의 수녀원장이 되었다. 그 수녀원은 그녀의 명성으로 언젠가부터 파르무티에Faremoutiers 수녀원으로 알려져 공주와 왕자를 위한 학교로 유명해졌다. 이곳에서 요나는 몇 년 동안 수집해 온 골롬반에 대한 모든 추억과 회고담을 풀어내기 시작하였다. 그 일을 640년 내지 641년까지, 혹은 642년까지 진행한 듯하다. 그가 뤽세유 수도원과 보비오 수도원을 마지막으로 방문한 후에 새 수도원장들이 선출

되었고, 요나는 이들에게 자신이 심사숙고하여 집필한 책 서문을
보냈다.

거룩한 규칙 안에서 높은 존경을 받고 수도승의 덕목에 굳건히 서
계시며, 가장 탁월한 스승이신 발데베르트Waldebert 신부님과 보볼
레누스Bobolenus 신부님께 죄인 요나가 올립니다.
제가 3년 전 보비오 수도원에 머물면서 아펜니노Apennines 지역을
방황하던 때가 생각나는군요. 저는 형제들의 요청과 베르툴프 대
수도원장의 명으로 우리의 존경하올 사부 골롬반의 생애와 활동
에 대해 집필하기로 약속했습니다. 특별히 그분과 함께 살면서 살
아생전 그분의 활동을 지켜본 많은 이들을 통해….

그는 자신의 표현이 서툴러 감동시키는 힘이 없다고 사과하면
서, 자신의 부족한 노력과 학자들의 수사법을 비교한다.

수사학의 이슬로 흠뻑 젖은 그들은 푸른 초원을 꽃들로 장식했습
니다만, 메마른 대지는 우리를 위해서 관목 하나만 간신히 내어
줄 것입니다. 그들의 식탁은 엔가디Engaddi(이스라엘 사해 서쪽 오아시
스)의 발삼 향과 아라비아의 향신료들로 풍성하지만, 우리는 아일
랜드 버터만 덩그러니 놓인 초라한 식탁입니다…. 그들은 야자나
무 열매들에서 매우 이국적인 풍요를 찾겠지만, 우리는 이탈리아

시인 베르길리우스의 표현대로 평범한 알밤의 밋밋한 맛을 봅니
다….

이것은 모두 문학적 표현으로, 요나가 자신의 결점에 대해 구
구절절 사과할 필요는 없으리라. 그는 자신이 살던 시대의 아들이
었고, 자신의 글을 읽는 독자들의 의식을 고양시키려던 당대의 모
든 성인전 작가와 같은 마음이었다. 그는 골롬반의 놀라운 영웅적
업적들은 강조했지만, 결점들은 얼버무리거나 생략했다. 요나는
이런 방식으로 자신이 가지고 있던 자료들을 연결된 서사로 묶으
면서 당시 여러 관계자와 장소를 언급했는데, 이것이 성 패트릭St
Patrick의 『포클루트 숲』*Silva Focluti*의 내용과 자주 상충된다.
그 모든 결점에도, 요나가 쓴 『성 골롬반의 생애』는 후대 작가
들에게 큰 도움을 주었다.

2 섬 출신 수도승

세상의 변방에서 살아온 우리 아일랜드인은 모두
성 베드로와 바오로의 제자입니다.

– 성 골롬반, 다섯 번째 편지

6세기 중반은 아일랜드 청년들이 몹시도 수도승이 되고 싶어 한 시대였다. 젊은이들이 9세기에는 유럽의 교육 중심지들로 몰려들었고, 12~13세기에는 새로운 수도회에 떼 지어 입회하였으며, 17~18세기에는 스페인과 프랑스 군대로 우르르 입대하고, 1913~1914년에는 아일랜드 의용군으로 결집한 것처럼, 550년경에 살았던 많은 청년들은 수도복을 입고 새로운 수도원을 창립하고자 열망하였다. 당시 아일랜드 청년들은 영성과 헌신을 가장 거룩한 소명으로 받아들였고, 실천적 그리스도교·영웅주의·자기수양과 결합한 진취적이고 희생적인 삶을 지향하였다.

골롬반이 어린 시절 뛰어놀았을 아일랜드 렌스터 산

6세기의 젊은이들은 클로낙Clonenagh의 거친 풍광과 클론맥노
이스Clonmacnois의 안온한 정경을 비교했을 것이다. 그 시대 아일랜
드의 수도원 창설자들도 각자 고유한 삶의 방식대로 살았다. 골롬
바Columba는 사본 필사가, 키아란Ciarán은 기술자, 브랜단Brendan은
뱃사공이었다. 핀탄Fintan은 극단적 고행에 몰두했고, 몰루아Molua
는 동물과 새들의 친구였다.

어린 골롬반이 560년경 수도원에 들어가 더 깊이 공부하겠다
고 결심했을 때, 그는 에른 호수Lough Erne 근처의 클리니쉬 수도원
을 선택했다. 그곳은 클로나드의 피니안Finnian과 수련생활을 함께
한 시넬Sinell이 불과 몇 년 전에 창설한 수도원이었다. 560년경 아
일랜드의 수도원들은 대부분 신생 수도원이었다. 클로나드 수도
원 전통은 클리니쉬 수도원에 전해졌으며, 연구하고 지성인이 되
는 것을 매우 강조했다. 요나는 나중에야 이에 대해 들었을 것이
다. 그는 시넬이 "고결하고 거룩한 것에 대한 추구로 유명했다"고
기록하였기 때문이다.

왜 골롬반은 자신이 들어가려는 수도원을 고향에서 그토록 먼
곳까지 가서 찾았을까? 추정해 보건대 그는 543년경 현 칼로Carlow
주와 웩스퍼드Wexford 주 접경지에서 태어났다. 요나는, 골롬반의
어머니가 '가슴에서 밝은 해가 솟아올라 온 세상을 비추는' 태몽을
꾸었다고 전해 준다. 어린 시절 골롬반은 선생님 발치에 앉아 열심
히 공부했을 것이다. 그는 문법과 수사학, 기하학과 성경을 공부

했고, 이 모든 과목이 아일랜드 수도원 학교 정규 과정에 포함되어 있었다고 요나는 강조한다.

성장한 골롬반은 준수한 모습이었고, 소녀들의 호감을 샀다. 요나에 따르면, 그의 멋진 외모는 특히 한 젊은 여성을 매혹시켜 그녀는 그를 유혹했다. 골롬반은 복음서를 방패로 그 유혹과 싸웠고 인근 은둔처에서 혼자 지내던 여성 은수자에게 조언을 구했다. 요나는 그녀의 답변을 다음과 같이 전한다.

15년 전 나는 유혹과 죄에 맞서 싸우려 아버지 집에서 나왔습니다. 그리스도가 내 지도자입니다. 하느님의 은총은 나를 유혹과 죄에 빠지지 않도록 지켜 주었습니다. 만일 내가 연약한 여성이 아니었다면 광활한 전쟁터를 찾아 바다를 건넜을 것입니다. 그러나 젊음의 열기로 불타는 당신은 고향에 머무르십시오. 좋든 싫든 유혹자의 목소리를 들으며 자신의 약함 속에서 자기 자신을 발견할 것입니다. 당신은 여성들 모임에 자유롭게 갈 수 있다고 스스로 생각합니까? 당신은 하와의 부추김에 아담이 넘어갔음을, 삼손이 들릴라의 꼬임에 빠졌음을, 다윗이 밧 세바의 아름다움에 사로잡혔음을, 가장 지혜롭다는 솔로몬이 여성과의 사랑으로 혼란에 빠졌음을 떠올리지 못합니까? 젊은이여, 그 많은 이를 무너뜨린 파멸에서 벗어나 지옥문으로 난 길을 등지고 빠져나오십시오.

골롬반은 두려웠지만 결단을 내린다. 그는 가족과의 인연을 영영 끊고, 온전히 희생하는 삶을 준비하는 데 자신을 바친다. 마침내 어머니에게 고향을 떠나겠다고 말한다. 어머니는 아들을 끌어안고 울다가 떠나지 못하게 문을 가로막고 누워 버렸다. 골롬반은 어머니에게 "슬퍼하지 말라"고 말씀드리고는, 차갑고 잔인하리만치 단호하고 확고한 결심에 따라 첫 마음 그대로 엎드려 있는 어머니 몸을 타넘고 문을 나와 북쪽을 향해 걸어갔다. 이 모자는 살아생전 다시는 만나지 못한다. 요나는 이 순간을 성 히에로니무스의 말을 빌려 표현한다.

원수는 나를 치려고 칼을 든다. 그러니 어머니의 눈물을 위해 무엇을 해야 한단 말인가? … 참된 경건함이란 잔인해지는 것이다.

클리니쉬 수도원의 시넬 밑에서 골롬반은 자신이 배워야 할 기초를 닦았다. 그는 젊은 시절 시편 주해와 몇 편의 시를 썼는데, 그중 몇 편은 클리니쉬 수도원에 머무는 동안 구상해 놓았다가 뱅거 수도원에서 살 때 마무리한 것으로 보인다. 우리는 골롬반이 클리니쉬 수도원에 얼마 동안이나 머물러 있었는지 모른다. 다만 골롬반이 수도승이 되기로 결심하자마자 뱅거 수도원에 들어갔다고 요나가 전할 뿐이다.

콤갈은 뱅거 수도원 창설자로서, 6세기 아일랜드의 위대한 수도원장들 중 한 사람이다. 그는 아일랜드 중부 리쉬Laois에 클로낙 수도원을 창설한 핀탄 밑에서 수련생활을 했고, 핀탄은 아일랜드 수도 전통 가운데 가장 엄격한 방식을 취했다.

오엔구스 순교록(Martyrology of Oengus)의 해설가는 다음과 같이 말한다.

고결한 핀탄은
메마른 보리빵과
진흙에서 걸러 낸 탁한 물 말고는
사는 동안 아무것도 낭비하지 않았다.

핀탄의 엄중한 수련 방식은 콤갈의 개성으로 다듬어졌고, 뱅거 수도원 규칙이 되었다.

뱅거 수도원은 중세 유럽 대륙의 초기 형태 수도원과는 다르다. 사실 6세기 아일랜드의 위대한 수도원들 중에서도 뱅거는 가장 훌륭한 수도원이었다. 그것은 후대의 몬테카시노나 클레르보 수도원보다는 나일 강 유역에 정착한 초기 수도원과 더 유사하다. 그 모습은 작은 교회 주변과 제방을 에워싸고 올망졸망 지어 놓은 나무 오두막집 형태였다. 라틴어로 수도원을 뜻하는 모나스테리움monasterium은 수도원 건물이 아니라 그곳 거주자를 가리킨다. 간단히 말해, 아일랜드에서 수도원이란 공동체이지 건물이 아니었

5세기 후반 아일랜드 모나스터보이스Monasterboice 유적지의 켈틱 십자가.
골롬반 시대 아일랜드는 켈틱 그리스도교였다. 켈틱 그리스도교는 창조 세계의 선함과 아름다움을 추구했으며, 하느님이 우리 삶 안에 열정적으로 임재하신다고 보았다. 또 인간성의 선함을 믿었고, 공동체의 평등한 관계를 강조하였다. 골롬반 역시 하느님을 향해 순례 여정을 함께한 열두 명의 동반자를 영혼의 친구로 여겼다.

   그리스도를 위한 나그네

다. 오늘날 아일랜드 땅에서 초기 아일랜드 수도원과 가장 비슷한 것은, 모스니Mosney에 있는 버틀린Butlin 주말 캠프일 것이다. 이 캠프장에는 나무로 지은 작은 농가들이 늘어서 있고 예배당과 대大 식당처럼 큰 공동 건물 몇 개가 모둠을 이루어 둘러싸고 있다.

7세기 말 아담난Adamnan이 쓴 『골롬바의 생애』*Life of Columba*에는 6세기 남자 수도승들과 나눈 대화가 자세히 나온다. 이를 통해 6세기 아일랜드 수도원의 모습을 세밀하게 재구성할 수 있다. 수도승들은 나무나 잔가지를 엮어 만든 작은 독방에서 지냈다. 골롬반이 나중에 집필한 수도규칙에는 수도승들이 독방에 있을 때와, 독방 한 칸에서 두세 명이 함께 지내는 내용이 나온다. 울타리 안에는 수도승들의 숙소와 나란히 교회, 식당, 손님방 같은 공동 건물들이 있었다. 물론 이 건물들도 나무로 만들었다. 성 베르나르도St Bernard는 뱅거 수도원에서 후대에 지은 기도실이 '매끄러운 판자들을 촘촘하고 강하게 한데 묶어' 만든 것이었다고 밝혔다.

수도 공동체의 수장은 수도원장이었고, 일부 수도원에서는 수도 공동체 가족이 수도원장을 뽑았다. 수도원장은 봉사자minister라고 부르는 개인 비서의 도움을 받았다. 뱅거 수도원의 수도원장 콤갈Comgall의 봉사자는 크림탄Crimhthann이었다. 원로들(seniores, 오늘날 수도회 참사들)은 수도원장과 함께 공동체를 이끌고 수련자들을 교육시키며, 규범적 권위를 지니고 수도원의 온갖 일을 담당했다. 집사(oeconomus)는 수도원에서 사용하는 물건을 관리하는 중요한 직

왼쪽 아일랜드 글렌달로프 계곡 켈틱 유적

무였다. 아담난과 요나의 기록에 따르면, 수도원의 다른 담당자로
는 서기(scriba)와 손님 담당자, 요리사 겸 식료품 보관인이 있었다.

　콤갈 수도회의 하루 식단은 빵과 채소와 물이었다. 우유과 유
제품은 클로낙 수도원의 핀탄을 계승한 창설자의 극단적 엄격주
의가 완화된 후대에나 먹을 수 있었다. 다른 여러 아일랜드 수도원
의 수도승들은 샌들을 신었으며, 길고 흰 예복을 입고 거친 양모로
지은 모자 달린 겉옷을 걸쳤다. 그들의 일상은 기도, 육체노동, 공
부, 고행의 순환 반복이었다. 그들은 교회에 자주 모여서 정해진
시간에 기도문을 낭송했고, 밤에는 가장 긴 낭송 시간을 보냈다.
그들은 씨 뿌리기부터 탈곡까지 농사일 전반에 힘썼다. 수도원의
자급자족은 음식뿐 아니라 음료, 옷, 건물 짓기와 온갖 비품 및 도
구 제작까지 총망라한다. 골롬반이 했던 공부가 뱅거 수도원에서
행하던 연구와 같다면, 수도승들은 높은 수준의 라틴어와 그리스
어를 익히고 외국 고전 작품을 읽었으며 성경에 대한 깊은 통찰을
얻었을 것이다. 의심할 바 없이 수도승들은 필사에 많은 시간을 할
애할 만큼 뛰어난 능력을 지니고 있었다. 이러한 사실은 현재까지
보존된 초기 뱅거 수도원의 필사본, 즉 골롬반이 수도원을 떠나던
때의 교창 성가집을 통해 알 수 있다. 단식, 침묵, 잠 줄이기, 장궤
의 반복, 팔 벌리고 긴 시간 기도하기, 손바닥을 가죽 채찍으로 쳐
서 체벌하기는 고행의 일반 형태였고 수도규칙을 위반했을 때 시
행했다. 이것은 준엄한 규칙이자, 아일랜드의 모든 수도원 중에서

오른쪽 뱅거 성당. 골롬반은 뱅거 수도원에 입회하여 사제서품을 받았으며, 40대 중반에 선교 생
활을 위해서 유럽으로 떠나기 전까지 이곳에서 수도승으로 살았다.

가장 엄격한 규칙 중 하나였다. 그러나 7세기 뱅거의 필사가는 이
렇게 전한다.

> 뱅거 수도원의 훌륭한 규칙은
> 올곧고 신성하며
> 근면하게 하고 거룩하며 엄격하고
> 빼어나고 정당하며 더할 나위 없다….

이처럼 금욕적이지만 행복한 환경 속에서, 골롬반은 젊은 시절
의 많은 시간을 보냈다. 그는 원로 수도승들에게 사제 교육을 받
았고, 많은 평수사들 가운데서 뽑힌 소수의 수도사제 중 한 명이
었다. 요나는 이 사실을 언급하지 않았지만, 골롬반이 뱅거 수도
원에서 운영한 학교의 책임자였다는 증거가 있고, 「갈Gall과 데이
콜라Deicola의 생애」에서 이 사실이 언급된다. 수도 공동체의 매우
중요한 인물이던 골롬반이 해외로 나가고 싶다고 콤갈 수도원장
에게 처음 말했을 때 그는 심한 꾸지람을 들었다. 그러나 골롬반
은 더 높은 곳에서 부르심을 받았다고 콤갈을 설득하여 동의를 얻
었다. 더 나아가 골롬반은 콤갈 수도원장의 허락으로 위대한 모험
에 열두 형제와 동행한다. 요나의 전기와 골롬반 친서를 통해 함께
한 형제들의 이름을 거의 다 알 수 있다. 골롬반 다음으로 가장 유
명한 갈Gall, 골롬반의 비서직을 수행한 도모알Domoal, 코미니누스

Comininus, 에우노쿠스Eunocus, 에쿠오나누스Equonanus, 뤽세유에서 죽은 골롬반 옥Columban óg, 리브라누스Libranus, 주교단의 일원인 애Aedh도 있다. 데이콜라Deicola와 루아Lua도 첫 구성원이다. 레오바르드Leobard와 칼드왈드Caldwald도 포함된다면, 그들만 앵글로색슨족이었을 것이다. 뱅거 수도원 울타리 너머에 있던 바다는 이들을 위해 잔잔했고, 콤갈 수도원장의 축복은 용감하게 낯선 곳으로 떠나는 이 선교사들의 여정에 힘을 실어 주었다. 이때부터 골롬반은 자신의 결심을 펼쳐 나갔다.

3 유럽의 첫 골롬반 수도원들

골롬반 일행이 아일랜드에서 별 탈 없이 첫 단기 여행을 시작했다
고 요나는 기록해 놓았지만, 학자들은 골롬반과 동료들이 브리튼
과 브리타니 중 어디로 갔는지 계속 갑론을박하고 있다. 가장 확실
한 것은 그들이 푸르사Fursa와 푀이엥Feuillen 같은 선교사들처럼 가
장 먼저 브리튼Britain에 정박했다가 대륙으로 갔다는 견해다. 콘월
Cornwall의 뉴키Newquay 인근 항구의 고대 유적지에는 아직도 세인

트콜롬St Colomb이라는 이름이 남아 있다. 일행이 그곳에 맨 처음 머무르자고 제안했을지도 모른다.

세인트콜롬에서 영국해협을 건너면 생말로St Malo 만이 나온다. 전승에 따르면 이 근처가 골롬반이 갈리아(프랑스) 지역에 첫발을 내디딘 곳이다. 캉칼Cancale 지역은 생말로에서 동쪽으로 10킬로미터쯤 떨어져 있고, 이곳의 화강암 십자가는 지금도 성 골롬반 십자가로 불리며 그가 이 부근을 여행했음을 입증해 준다. 루앙Rouen에 도착하면 동쪽으로 나 있는 로마제국 도로에 들어서게 되는데, 이 길은 프랑크왕국의 수도인 랭스Rheims로 이어져 있다.

골롬반이 살던 시대에 갈리아 지역은 대부분, 첫 그리스도인 선조였던 클로비스Clovis(†511)의 왕위를 계승한 메로빙거 왕조의 프랑크 왕들이 통치하고 있었다. 네우스트리아Neustria 왕국은 루아르Loire와 뫼즈Meuse 사이 지역을 차지했고, 아우스트라시아Austrasia 왕국은 동쪽의 라인 지방을 지나 스위스의 라인 분지로 이어져 있었다. 부르고뉴Burgundy 왕국은 론 계곡에서 멀리 떨어진 남쪽 지역이었다. 한 세대 동안 이 세 왕국은 투르의 그레고리우스Gregory of tours가 가장 암울하게 표현한 피범벅의 불화와 친족 살해로 얼룩져 있었다. 골롬반이 갈리아에 도착했을 때에는 클로비스의 손자들 중 부르고뉴와 아우스트라시아 왕국을 다스리던 군트람Gunthram 왕만 생존해 있었다.

요나는 골롬반이 갈리아 지역에서 한 초기 설교를 아주 살짝 알려 준다. 그곳의 그리스도교는 영적으로 황량한 대신 규범적이었고, 전쟁과 태만한 주교들로 인해 전례가 엉망진창이었다. 그 안에서 골롬반과 동료 수도승들은 성실하고 겸손하게 인내심을 가지고 머물렀다. 그들은 라틴어를 썼을까? 아니면 프랑크 왕들이 사용한 게르만 방언들 중 하나를 대충 익혀서 썼을까? 갈은 언어 습득 능력으로 유명해졌고, 현재 그의 아일랜드 판 라틴-독일어 단어집이 장크트갈렌St Gallen 도서관에 남아 있다. 전승에 의하면 골롬반의 『게르만어 자습서』Teach Yourself German도 갈이 편집했다고 한다. 그 안에 포함된 용어들은 인간의 몸, 계절 및 날씨, 농사와 건축, 동식물, 여행지의 땅과 물에 대한 것이다. 아무튼 골롬반의 설교에 대한 소문을 들은 왕은 그를 왕궁에 초대했다.

요나는 지그베르트Sigebert 왕에게 연락을 취했으나 이미 575년 사망한 상태였다. 그리하여 학자들은, 패트릭이 아일랜드에 도착한 해를 놓고 논쟁한 것처럼, 골롬반의 연표를 놓고 토론을 벌여야 했다. 요나가 쓴 전기를 보면, 골롬반은 590년 내지 591년 갈리아 지역에 도착하였고, 따라서 랭스에서 그를 받아들인 아우스트라시아와 부르고뉴의 왕은 군트람이어야 한다. 그러나 일부 현대 전기 작가들은 골롬반이 갈리아에 도착한 때가 지그베르트 왕이 통치하던 570년 이후라고 추정한다. 이 연표는 요나와 상충되는 내용은 피해 가지만 다른 혼란을 제기한다.

골롬반과 동료들은, 원하는 것은 무엇이든 들어주겠다고 약속

골롬반이 유럽 대륙으로 건너와 처음으로 세운 아네그레의 수도원 터

아네그레 성 골롬반 성당 제대

하며 왕국에 남아 달라고 말한 왕의 요청을 받아들였다. 골롬반 일행은 "누구든지 내 뒤를 따라오려면, 자신을 버리고 제 십자가를 지고 나를 따라야 한다"(마태 16,24)는 복음의 가르침만을 따를 것이라고 대답했다. 왕의 다음 제안은 거절하기엔 너무나도 매력적이었다. "당신이 그리스도의 십자가를 지고 그분을 따르고자 한다면 수행을 위해 더 외딴 곳을 구하십시오. 그러나 우리 영토를 떠나지 말고 이웃을 그냥 지나치지도 마십시오. 그러면 당신은 보답을 받고 우리에게 구원의 기회를 줄 수 있을 것입니다."

골롬반과 동료들은 보주Vosges 산맥 부근을 탐험하였다. 아우스트라시아 왕국과 부르고뉴 왕국의 경계를 지나 숲 한복판에서, 골롬반은 아나그라테스Anagrates라는 고대 로마 요새 유적지를 만났다. 아틸라Attila 왕이 훈족을 이끌고 쳐들어와서 이곳의 로마 문명을 파괴한 지 백 년 만에 골롬반과 일행이 찾아온 것이다. 그들은 야생동물들이 돌아다니는 브르샹Breuchin 계곡에 집을 짓기로 결정했다. 이곳이 오늘날 프랑스의 아네그레Annegray 계곡이다.

그들은 폐허로 변한 디아나 여신의 신전을 수리하며 투르의 생마르탱에게 바칠 교회를 지었다. 사흘간 기도와 단식을 한 끝에, 골롬반은 수도원 터에 울타리를 치고 수도승들을 세속으로부터 격리시켰다. 그들은 숲을 정리하고 나무로 독방을 지었다. 요나는 그들이 기적적인 지원을 받으며 어떻게 생존하게 되었는지 들려준다. 그들에게 먹을 거라고는 허브 식물들, 나무뿌리와 껍질뿐이었다. 그들 중 누군가 고열 병에 걸렸다고 해도 놀랄 일이 아니다. 사흘간 그들은 그 병자를 위해 아무것도 먹지 않고 단식하며 기도했다. 사흘이 지나서 그가 건강을 회복했을 때, 한 이교인이 갑자기 수도원 입구에 빵과 채소를 실은 말을 끌고 나타났다. 그는 큰 병에 걸린 자기 아내가 갑자기 "굶고 있는 수도승들에게 먹을 것을 가져다주라" 했다고 설명했다. 공동체는 병든 그의 아내가 낫도록 하느님께 기도하였고, 그녀는 건강을 되찾았다.

그러나 며칠 지나지 않아 그들이 받은 음식이 다 떨어졌다. 아흐레째 날 그들은 기도하면서 허브와 나무껍질만으로 허기를 달랬다. 그때 소시Saulcy의 수도원장인 카란톡Carantoc이 거친 땅을 가로질러 여행을 하는 중에, 야생지에 있는 이들을 도와주라는 꿈을 꾸었다. 그는 자기 수도원의 식료품 담당자인 마르쿨프Marculf한테 수도원 마차에 음식들을 싣고 출발하라고 명했다. 당시에는 숲속 길이 없어서 말들이 길을 만들면서 골롬반의 집으로 왔다. 마르쿨프는 돌아가서 모든 사람에게 무슨 일이 있었는지 이야기했다. 그렇게 그는 골롬반의 첫 지지자가 되었고, 많은 순례자들이 아네그레로 몰려들기 시작했다.

세속적 삶을 포기한 이들은 항상 이런 식으로 시달리게 마련이다. 그들이 피했던 세상은, 그들이 수도원 안에만 머물러 있어도 쫓아온다. 아일랜드 수도원에서는 몇몇 수도승에게, 이따금 공동체를 떠나 근처 동굴이나 숲속 '사막으로 들어가' 살게 했다. 다이

오른쪽 뤽세유 수도원 근처의 동굴과 소성당

사트Dysart, 디저트Disert, 다이어머더Diarmada, 디저토그힐Desertoghill, 디저트마틴Desertmartin 같은 지명과 아마Armagh 옆에 위치한 '사막' 도, 사람들이 몰려드는 수도원을 빠져나와 더 은둔하려던 수도승들이 한동안 숨어 지내던 곳이었다. 골롬반도 자신의 명상을 방해하는 사람들이 찾지 못하게 아네그레 숲으로 들어갔다. 요나는 이와 관련하여 또 한 가지 기적 같은 사건을 전해 준다.

하루는 골롬반이 호젓한 숲속에서 성경을 읽은 후, 은둔자가 야생동물의 습격을 받는 것과 강도의 손아귀에 놓이는 것 중 어느 게 더 나은지 묵상하고 있었다. 갑자기 늑대 열두 마리가 그를 에워쌌지만, 그는 야생동물이 죄가 없다면 더 나을 거라고 생각했다. 그가 "나의 도움, 오, 하느님이시여, 저에게 오소서. 오, 주여, 어서 저를 도와주소서"라고 조용히 시편 구절을 읊조리자, 늑대들이 주위를 맴돌다 떠나가 버렸다. 이어서 강도 떼가 출몰했으나 그들도 그를 건드리지 않고 떠나갔다. 마침내, 그는 브르샹 계곡에서 122미터 위쪽에 있는 은둔처를 자신의 기도방으로 삼았다. 그곳은 바위가 깊고 둥글게 파인 동굴로, 곰 한 마리의 보금자리였다. 그가 곰에게 "이곳을 떠나 다시는 돌아오지 말라" 하고 명하자 너무나 온순하게 따랐다. 골롬반은 토요일 저녁과 축일이면 이곳에서 아무런 방해도 받지 않고 기도하였다. 그의 비서인 도모알이 종종 소식을 가지고 공동체를 떠나 그에게 왔다. 한번은 도모알이 계곡 아래 샘에서 물을 길어 와야 한다고 투덜거리자, 골롬반이 "아들아, 바위 주위를 움푹하게 파 놓아라. 주님께서 이스라엘 백성을 위해 바위에서 물을 길어 올리게 해 주셨음을 기억하여라" 하고는 기도하였다. 그 후 도모알이 바위를 치자 물이 솟아올랐다. 요나는 이 일이 "오늘날까지 계속 전해지게 되었다…"고 적는다. 현재 아네그레 위편 언덕에 있는 성 골롬반의 거룩한 우물의 유래이다.

수도승이 급증하자 두 번째 수도원을 열어야 했다. 골롬반은 안성맞춤인 장소를 먼 곳에서 찾으려 하지 않았다. 아네그레 서쪽 13킬로미터 밖, 브르샹 강 옆에는 451년 아틸라 왕이 훈족을 이끌고 쳐들어와서 파괴한 룩소비움Luxovium이 있고, 로마 요새가 폐허로 남아 있었다. 쓰러져 있는 기둥들 사이에 한때 로마식 욕탕에서 쓰던 온천수가 고여 있었다.

593년 군트람 왕이 죽자, 어린 킬데베르트 2세Childebert II가 어머니 브룬힐데Brunhilde 여왕의 섭정 아래 부르고뉴와 아우스트라시아를 다스리고 있었다. 골롬반은 왕국의 충실한 신하였던 카네릭Chagneric을 통해 왕의 허락을 구하고 땅을 얻었다. 카네릭은 후에 자기 아들을 골롬반 수도승이 운영하는 학교에 보냈다. 새로운 뤽세유 수도원을 폐허 위에 세우고 얼마 지나지도 않았는데, 이전 수도원보다 규모나 중요성 면에서 앞서게 되었다. (아일랜드에서부터 골롬반과 동행한 애Aedh 주교의 축성을 받고) 성 베드로에게 봉헌한 교회와 함께 식당과 손님방을 갖춘 뤽세유 수도원은, 수도원 학교의 활성화로 꺼지지 않는 명성을 얻게 되었다. 수도 공동체에 학자와 회심자가 계속 늘어나자, 뤽세유에서 북쪽으로 5킬로미터 정도 떨어진 퐁텐느Fontaine에 세 번째 수도원을 짓게 되었다.

골롬반은 이 세 수도원을 직접 관리했고 뤽세유 수도원을 본원으로 삼은 듯하다. 요나에 따르면 퐁텐느 수도원에는 예순 명의 수도승이 있었고, 뤽세유 수도원이 세 수도원 중 가장 컸다. 세 수도원의 수도승을 다 합하면 200명이 넘었던 듯하다. 실제로 골롬반의 제자였던 성 발레리쿠스Valericus는 수도승들의 수가 220명이었다고 전한다. 따라서 열두 명 남짓한 아일랜드 수도승은 이 세 수도 공동체에서 소수에 불과했다. 그래도 고향에서 수도승을 모집하여 자기네 세력을 강화시켰다는 증거는 없다.[1] 이 밖에 프랑크 귀족 자제로서 골롬반에게 교육받은 이들이 있다. 뤽세유 수도원 창설에 중요 역할을 담당했던 카네릭의 아들 카뇨알드Chagnoald, 상부르고뉴 공작 아들인 도나투스Donatus, 공작의 조카인 발델레누스Waldelenus가 그들이다. 또 보비오 수도원의 네 번째 수도원장이 된 아들을 둔 사제 비니옥Winioc, 요나가 『성 골롬반의 생애』를 헌정한 사람도 있다.

골롬반의 공동체는 세 군데에 흩어져 있었음에도, 수도규칙 지침서가 필요할 만큼 커졌다. 수도원장은 공동체에 『수도승 규칙

---

1 이와 대비되어 수세기 후 스코틀랜드와 아일랜드 선교 수도승들이 독일에 세운 베네딕도회 계열 수도원들에서는 고향에서 수도승을 모집하여 데려왔다.

골롬반의 선교에 대한 안내판.
이 안내판은 골롬반이 뤽세유 수도원으로 끊임없이 떼 지어 몰려드는 사람들을 벗어나 홀로 하느님께 기도드리기 위해 한적한 숲속 동굴을 찾았다고 알려 준다. 이곳에서 골롬반은 동물들과 자연스럽고 편안하게 교감하였다.

서』*Regula Monachorum*를 전해 주었다. 이것은 수도자의 일상을 주도
면밀하게 조직화하기보다는 수도생활의 일반 원리를 다룬다. 순
종이 전체 틀의 기초이고, 공동생활의 세부 내용 속에 수도원장으
로 선출된 사람의 뜻을 포함할 여지를 남겨 두었다. 가난과 고행
이라는 이상을 계속된 단식으로 강조하고, 하루에 단 한 번 정오
를 지나서야 소박한 음식 한 가지만 먹었다. 명상하는 영혼은 침묵
을 통해 양육되었고 기도를 반복하도록 이끌었다. 상세한 규정들
은 7장에만 나오는데, 이는 매일 성무일도를 낭송하는 것과 관련
되어 있다. 이전 수도원 창설자들은 각자 다르게 정규 기도 시간을
편성했고, 골롬반은 핵심은 보존한 채 시기별로 다른 사항을 덧붙
였다. 수도승들은 하루 중 삼시경(오전 9시), 육시경(정오), 구시경(오
후 3시)에 세 개 시편을 합송하러 교회에 모인다. 이것은 일 년 내내
변함이 없다. 항상 열두 개 시편을 오후 여섯 시와 자정에 합송하
는 한편, 새벽 세 시에 하는 성무일도는 계절에 따라 변화를 주었
다. 전통적으로 아일랜드에서는 11월 1일부터 봄의 첫날인 2월 1
일 이전의 동지 기간에 많게는 서른여섯 개 시편을 응송하기도 했
다. 토요일과 일요일 아침에는 주일과 휴일을 준비하기 위해 교회
에서 두 배 속도로 성무일도를 해서, 겨울 기간의 공동체는 주말
내내 전체 시편을 노래하였다. 이렇게 성무일도를 할 때 수도승들
은 아무 지시도 받지 않았다. 기침을 하건, 웃건, 늦게 도착하건 모
두 각자 스스로 절제하도록 했고, 요리사와 짐꾼은 약속 없이 찾아

온 손님을 환대하기 위해 허락된 이상의 여유를 누릴 수 있었다.

골롬반의 『공동체 규칙서』*Regula Coenobialis*에는 규칙 위반 시 내린 체벌들이 다소 일관성 없이 나열되어 있다. 체벌은 보통 가죽끈으로 손바닥을 때리는 것이었다. 시편 응송을 시작할 때 기침을 하거나 성가를 잘못 불렀을 경우에 여섯 대, 단정치 못한 손톱으로 미사를 봉헌할 경우에 여섯 대, 응답송 기도를 제대로 맞추지 못했을 경우에 열두 대, 일하느라 바빠서 성체성사를 잊어버렸을 경우에 스물넉 대, 바닥에 성체를 떨어뜨렸을 경우에 오십 대 등이다. 우리 생각에 이런 체벌 중 어떤 것은 가혹해 보이지만, 자기 비움을 위해 절대적 헌신을 추구했던 공동체는 아무 불평 없이 이 체벌을 받아들였다.

『공동체 규칙서』에서 가장 흥미로운 점은 잘못이 있으면 개인 고백을 하도록 강조한 것이다. 수도승들은 하루 두 번, 즉 저녁 식사 전과 잠들기 전에, 그리고 원하면 언제라도 자신의 죄가 가볍든 무겁든 고백하고, 적절한 처벌을 받았다. 이러한 고백성사의 부담은 아일랜드의 참회 전통에서 온 것이다. 그러나 골롬반과 그의 수도승들이 이 방식을 평신도에게까지 적용하자, 규율이 바뀌게 되었다.

평신도든 성직자든 뤽세유 공동체로 찾아온 참회자들을 위해, 골롬반은 참회 규정서를 집필한다. 두 가지 수도규칙서와 마찬가지로 참회 규정서의 내용 몇 가지도 살펴볼 것이다. 그러나 바실

리우스부터 피니안까지 모든 대수도원 창설자들처럼, 골롬반이
죄를 용서받는 길로 제시한 사항은 반대 덕목을 실천하는 것이었
다. "말 많은 사람에게는 침묵의 벌을, 여유 없는 이에게는 관대함
을 실천하게 한다. 많이 먹는 이에게는 단식을, 잠을 많이 자는 이
에게는 보초 서는 일을, 자기 자랑이 넘치는 이에게는 홀로 물러나
있게 하고, 가출한 사람은 제명한다…."

4 논란과 추방

나는 하느님의 뜻 안에서,

진실보다 거짓을 더 자주 말하는 사람들의 혀를

두려워하지도 전전긍긍해하지도 않을 것입니다.

─성 골롬반, 다섯 번째 편지

골롬반은 그의 참회 규정으로 인해 갈리아 지역 주교들이 확립해 놓은 권력을 침해하게 되었다. 그의 허가받지 않은 수도원 창설과 독자적인 행보는, 교구 주교들의 특권과 교회법까지 무시하는 듯했다. 그가 갈리아 지역의 교회를 따르지 않고 아일랜드 계산법에 따라 부활절을 기념한 것은 스스로 비정통이라는 혐의를 뒤집어쓴 셈이 되었다. 어떻게 보아도 골롬반과 그 지역 교회의 위계 사이에 냉랭함이 흘렀다. 투르의 그레고리우스가 비판했던 사냥에 나서고 교황 대 그레고리우스가 비난했던 성직매매에 빠져든 갈리아 지역의 고위 성직자들은 골롬반의 존재에 분명 당혹감을 느꼈을 것이다. 캔터베리의 아우구스티누스는 596년 영국으로 가는 길에 프랑스를 지나면서, 분명 여기저기서 이 난처한 순례자에 대해 들었을 것이다. 아우구스티누스의 동료 라우렌티우스는 후에 아일랜드의 주교들과 수도원장들에게 보낸 편지에, 완고한 반대자의 전형으로 골롬반의 이름을 언급해 놓았다.

600년 골롬반이 로마 교황에게 호소문을 보내는 대담한 행동을 취했을 때, 갈리아의 주교들은 이미 부활절 문제를 놓고 공식 논쟁을 벌일 준비를 하고 있었다. 골롬반은 더 일찌감치 로마를 방문할 수 없다는 편지를 두 번이나 썼다. 그렇지만 그는 교황 대 그레고리우스에게 아일랜드식 부활절 계산법을 강하게 옹호하는 유명한 편지를 보내면서 '돈으로 성직을 샀거나 성직자로서 비밀스런 성관계를 벌인' 주교들과 자신이 대화하는 것이 과연 합당한지 풍자하며 묻는다.

교황 그레고리우스는 레랭Lérins 수도원의 원장인 코농Conon을 중개자로 삼아 자신의 권한을 위임한 듯하다. 그러나 603년 새로 선출된 리옹의 주교는 골롬반에게 샬롱쉬르손Châlon-sur-Saône 교회 회의 개최 전에 오라고 소환하였다. 그러나 골롬반은 이미 자신의 주장을 담은 편지를 세 번이나 로마로 보냈고 주교에게 그 요약본을 전달했기에, 교회회의에 논쟁이나 다툼을 벌이러 참석하지 않겠다고 거절했다. 그 대신 교회회의에 모인 주교들에게 편지를 보내어 자신의 입장을 전달했다. 그는 우선 반어법으로 '그렇게 많은 거룩한 남자들을 소집'하게 하신 하느님께 감사드린 다음, 더 노골적으로 '당신들은 더 자주 만나야 한다'고 비판한다. 그는 지난 열두 해 동안 그래 왔듯이 '이 숲의 고요 속에 더 오래 머물면서 수도승 열일곱 명의 시신을 묻은 자리 옆에서 살아가도록' 평화와 관용을 베풀어 달라고 요청한다. 이 편지는 인종을 차별하지 말고 모든 이에게 관용을 베풀라는 호소로 인상 깊게 마무리되어 있다.

우리가 당신들을 위해 기도하듯이, 우리를 위해 기도해 주십시오. 우리를 가련히 여겨, 당신들과 떼어 놓지 마십시오. 우리는 한 몸의 지체들이기 때문입니다. 갈리아인이든, 영국인이든, 아일랜드인이든, 혹여 우리가 어떤 인종이든 상관없이….

604년 교황 대 그레고리우스가 죽자 골롬반은 차기 교황 이름을 듣기도 전에 편지를 써 보냈다. 그의 다른 편지들에 비하면 이 편지는 짧은 편이다. 너무 간결해서 그가 강조하려는 것을 정확히 밝힐 수 없었기에, 다시 자기 자신과 수도승들이 아일랜드식으로 부활절을 기념하도록 허락해 달라고 요청하였다. 그는 자신의 중요한 입장을 승인받기 위해, 콘스탄티노플 공의회(381년)에서 승인한 "이민족들이 있는 곳에 세워진 교회들은 자기 선조들이 행해 온 관습을 따라야 한다"는 훈령을 상기시킨다. 골롬반은 갈리아의 주교들을 무시하면서 '우리가 고국에 있다는 것은 이미 합의된 사항'이라고 강조한다.

부활절 논쟁 때문에만 골롬반이 갈리아에서 추방당한 것은 아닐 것이다. 브장송의 주교 니케티우스Nicetius of Besançon는 예외였지만, 갈리아의 많은 주교들은 노골적으로 그를 냉대했다. 그러나 그들도 국가를 등에 업지 않고는 골롬반에게 강한 적대 행위를 표출하기 어려웠을 것이다. 다른 이들은 그 지역에 후원자가 없던 골롬반을 가혹하게 대우했다. 존 드보이John Devoy는 자신의 책 『한 아일랜드 반란군의 회상』Recollections of an Irish Rebel에서, "페니언 Fenians[2]은 자국의 정부와 주교들을 무찌를 수 있다는 믿음을 피력했지만 그 둘의 연합에 맞설 희망은 전혀 없었다"고 밝힌다. 골롬반은 이와 비슷한 연합의 협공을 받고 있었다.

군트람에 이어 왕이 된 킬데베르트가 595년에 죽자, 그의 두 아들이 각각 아우스트라시아와 부르고뉴의 왕이 되었다. 그 둘은 미성년자여서 할머니인 브룬힐데가 섭정을 하였다. 얼마 안 있어서 갈리아는 사법적 분쟁으로 끝없이 추락했고, 6세기 말에 그 시대의 가장 암울했던 몇십 년을 맞이한다. 부르고뉴의 젊은 왕 테오

2　19세기 아일랜드인의 독립운동 비밀결사단체였던 Fenian Brotherhood에서 따왔다. 특히 북아일랜드에서 가톨릭계 주민들을 멸시할 때 'IRA 테러리스트'라는 의미를 내포하며 쓰는 단어다.

데릭Theuderich[3]은 성인이 되자, 왕궁에 많은 내연의 처를 들어앉혔고 네 명의 서자를 얻었다.

요나는 이 젊은 왕의 허랑방탕한 삶에 골롬반이 극적 반응을 보였다고 말한다. 골롬반이 브룬힐데 여왕을 접견하러 갔을 때, 그녀는 네 명의 손자를 대동했다. 골롬반은 이 아이들이 누구인지 물었다. 그녀는 "왕의 아들들이니, 당신의 축복을 청합니다" 하고 말하였다. 브룬힐데의 이 행동 배후에는, 그들이 아버지를 계승하였음을 왕가에 언젠가 공표하기 위한 포석을 마련하려는 동기가 있었던 듯하다. 그 이유가 어떻든 골롬반은 이 계략에 동조하지 않았다. 그는 호통을 치듯 "당신은 알아야 합니다. 그들은 죄로 말미암아 태어났기 때문에, 왕위를 이어받을 수 없습니다"라고 말하고는 왕궁을 박차고 나왔다. 이것이 그가 갈리아 지역에서 선교를 끝낼 수밖에 없던 계기였고, 어떤 점에서는 그가 자초한 것이었다. 골롬반의 꼿꼿한 성격을 감안할 때, 다른 식의 대응은 상상할 수 없으리라.

이 사건으로 여왕은 노골적인 적개심을 드러내기 시작했다. 골롬반이 세운 수도원 주변의 지역민들이 시시콜콜한 일들로 시비를 걸어왔다. 골롬반은 왕에게 직접 호소하기로 결심하였다. 요나는, 골롬반이 왕궁 출입을 거절하고 왕이 그에게 선물로 보낸 포

---

3 프랑스어로 티에리Thierry, 독일어로 디트리히Dietrich.

도주 잔과 빵 접시를 깨뜨려 버린 일을 전한다. 이런 골롬반의 대응에 자극받은 테오데릭 왕과 브룬힐데는 개선하겠노라고 약속했다. 그러나 브룬힐데는 계속 뒤에서 골롬반의 수도원들을 조사해야 한다고 부추겼고, 이런 일을 하면서 주교들과 신하들과 왕의 적극적인 지원을 받았다.

마침내 테오데릭 왕은 골롬반과 맞서려는 측근들과 연합 행동에 나섰다. 왕은 수도원의 더 깊은 은둔처에 왜 일반인을 출입금지시켰는지 밝히라고 골롬반에게 요구했다. "외부인은 하느님의 종들이 거처하는 방에는 들어가지 못하지만 손님으로서 적절한 환대를 받는다"고 골롬반이 대답하자, 왕은 "당신이 우리의 관대한 선물과 전적인 지원을 계속 받고 싶다면, 전체 수도원 건물을 모든 사람이 자유롭게 드나들도록 개방하라"고 요구했다. 골롬반은 "어떤 식으로든 수도생활을 침해하는 것은 수도원을 죽이는 것"이라고 대답한 뒤, 테오데릭 왕이 그렇게 만든다면 "그의 왕국은 멸망하고 백성들은 다 흩어져 버릴 것"이라고 예언하였다. 그러자 왕은 자신의 결심을 선포한다. "스스로 모든 사람과 완전히 동떨어져 살려는 수도 공동체 일원들은 부르고뉴를 떠나 고향으로 돌아가야 한다." 골롬반은 "무력으로 끌어내지 않는 한, 수도원을 떠나지 않겠다"고 대답했다.

왕은 골롬반을 체포하지는 않았지만, 바우둘프Baudulf 백작과 그의 측근들에게 마지막 처리를 맡겨서 수도원을 떠날 수밖에 없

이 부조는 보비오 수도원에 안장되어 있는 골롬반 석관에 새겨져 있다. 수도원을 설립한 골롬반의 모습과, 선교 지역민들과 마주한 모습이다. 선교 지역민들의 표정이 성인과 심각한 대화를 나누고 있는 듯하다.

도록 괴롭혔다. 결국 이 봉건 지배자는 골롬반을 힘으로 제압하고 브장송Besançon으로 '추방'했다. 수도원장이던 골롬반 곁에는 충실한 비서 도모알을 포함하여 공동체의 아일랜드 동료 몇 명밖에 없었다.

골롬반은 브장송에 체류하면서 그 도시 감옥의 중죄인들에게 설교하는 것을 허락받았고, 그들은 참회를 약속하였다. 그들이 풀려나면 자유롭게 살게 해 주라고, 골롬반이 도모알에게 지시했다. 요나는 그들의 해방 이야기를 윤색해서 기적적으로 묘사한다. 도모알이 손을 대자 족쇄가 풀렸고, 그들을 받아들이려 교회 문이 열렸다가 추적자들 앞에서 문이 닫혔다는 것이다. 브장송에서 골롬반은 지역 주교인 니케티우스Nicetius의 환대를 받고 그의 집에서 편히 쉴 수 있었다. 그러나 그의 마음은 여전히 뤽세유에 있었기에, 테오데릭 왕과 충돌하지 않기를 내심 바라면서 어느 일요일 아침 조용히 뤽세유 수도원으로 돌아왔다.

그러나 골롬반은 브룬힐데의 적의가 얼마나 깊은지 가늠하지 못했다. 일주일 후에 그녀는 골롬반이 되돌아왔다는 소식을 듣고, 왕에게 밀사를 보내서 골롬반을 제거하라고 재촉했다. 골롬반은 이 무리의 손아귀로부터 기적적으로 탈출하였지만, 결국 왕의 시종인 베르테카르Bertechar 백작 및 라가문트Ragamund 대장이 이끄는 군대와 대치하게 되었다. 교회 안에 있던 공동체 일원은 뤽세유에 군대가 도착했을 때 마침 성무일도를 바치고 있었다. 베르테카르와 그 수하들은 왕의 명령에 복종하지 않으면 불유쾌한 임무를 수행할 수밖에 없다고 골롬반을 설득했다. 그러나 골롬반은 끝까지 굽히지 않았다. "나는 그리스도의 사랑을 위해서 고국을 떠나왔소. 나를 강제로 내쫓지 않는 한, 이곳을 떠나지 않을 것이오." 자신이 떠나면 중단된 성무일도를 계속하라고 공동체에 지시한 골롬반은, 손을 들어 축복의 기도를 드린 후 마음을 내려놓았다.

베르테카르는 "아일랜드와 브르타뉴 출신 수도승들은 수도원장과 함께 떠나가지만, 갈리아 출신 수도승들은 부르고뉴에 그냥 남으라"고 지시했다. 켈틱 전통을 따르던 데이콜라Deicola, 루아Lua, 에우녹Eunoc, 갈Gall과 더불어 애Aedh와 골롬반은 라가문트 대장과 군대의 통솔을 따를 수밖에 없었을 것이다. 때는 서기 610년, 골롬반이 뤽세유에 정착한 지 거의 20년이 되던 해였다.

그들이 중부 프랑스를 지나가는 동안 인상적이고 기적적인 일들이 자주 일어났다고, 요나는 말한다. 그러나 그 추방길이 고령의 수도승들에게 얼마나 가혹한 행진이었을지는 짐작이 가고도 남는다. 골롬반은 일흔 살 즈음이었고 낭트는 960여 킬로미터나 떨어져 있었다. 뤽세유에서 얼마 가지도 않아서 골롬반의 아일랜드 동료 한 명인 데이콜라[4]가 지쳐서 포기했고, 그 지역에 정착해도 좋다는 사부의 허락을 받아 뤼르Lure 대수도원의 설립자가 되

---

4 아일랜드 이름은 디퀼Dicuil이거나 케일레 제Céile Dé였을 것이다.

었다. 훗날 나온 그의 『생애』*Vita*는 그를 갈의 형제로 밝혀 놓았다. 브장송에서 골롬반은 자기 관할지인 보주Vosges에 수도원 설립을 권유했던 니케티우스 주교를 잠깐 방문하였다. 그 후에 오툉과 솔리유에서 아발롱으로 갈 때, 골롬반은 자신이 치료해 줄 때까지 악령에 사로잡혀 있던 말 탄 사람의 창에 찔릴 뻔했다. 요나는 이 여행길에서 골롬반이 악령에 사로잡힌 다른 열일곱 명을 치유해 주었다고 전한다. 다섯 명은 나중에 세워진 베즐레Vezelay의 유명한 순례 교회 근처에서, 다른 열두 명은 욘Yonne 지역으로 들어가기 직전 퀴르 강Cure river 근처의 테오데만다Theodemanda 거주지에서 치유를 받았다. 성 패트릭이 200년 전 즈음에 수련을 받았던 오세르Auxerre에서, 골롬반은 도시를 빼앗긴 네우스트리아Neustria 왕 클로테르Clothair가 3년 안에 부르고뉴 전역을 점령할 것이라고 테오데릭 왕에게 예언했다. 느베르Nevers에 도착하여 이들이 루아르 강가의 배에 오를 때, 군인 한 명이 노령의 아일랜드 수도승인 루아를 빨리 태우려 배 젓는 노로 밀어 댔다. 이 모습을 본 골롬반은 호통을 치면서, 그 군인이 이 자리에서 신의 징벌을 받으리라고 예언했다. (요나는 그가 이곳에 되돌아와서 익사했다고 전한다.)

느베르에서 오를레앙Orléans으로 항해할 때에, 왕이 모든 교회에게 문을 닫아걸라고 명령을 해 놓은 바람에, 이 아일랜드 일행은 어느 시리아인 부부가 구해 줄 때까지 음식을 얻을 수가 없었다. 투르에서 땅에 내리고 싶다는 요청을 거부당한 후, 골롬반은 생마르탱 무덤가에서 밤샘 기도를 하였다. 지역 주교인 레오파리우스 Leoparius가 그를 만찬에 초대하여 식탁에서 나눈 대화를 요나는 그대로 보존해 놓았는데, 여기서 골롬반의 또 다른 성격이 드러난다. 주교가 그에게 귀국하는 이유를 묻자, 골롬반은 더 이상은 자신의 분노를 누그러뜨릴 수 없었다. "개dog 같은 테오데릭이 나를 내 형제들과 찢어 놓은 겁니다." 손님들 중 한 사람은 테오데릭의 심복이자 골롬반에게 항의했던 왕의 고모부였다. 그가 "왕에게 밉보여 쓴나물로 허기를 달래기보다 왕의 비위를 맞추고 우유를 마시며 사는 게 낫지요"라고 말하자 골롬반이 대답하였다. "당신은 주인에게 충성을 보이려는군요. 내가 왕에게 아주 훌륭한 전달자를 보낼 수 있어서 기쁩니다. 그에게 가서 3년 안에 그와 그의 아들들이 비명횡사할 거라고 전하시오."

그 손님은 충격을 받아 '이것이 정녕 하느님의 사람이 하는 말인가?' 생각하고는 "당신은 왜 그런 말을 하는 건가요?" 하고 묻자, 골롬반은 "주님께서 나에게 말하라고 하셨기에 침묵할 수 없는 까닭이오"라고 대답했다.

마침내 그들은 르와르 초입 근처의 낭트에 도착했다. 그 지역 주교인 소프로니우스Soffronius는 불친절했다. 그 주교는 위정자들을 도와 골롬반 일행을 서둘러 추방시키려고, 골롬반이 승선하기도 전에 라가문트와 그 군대에게 행동을 개시하게 했다.

낭트에서 골롬반은, 뤽세유 수도원의 수련자들에게 프랑스에서 쓰는 마지막 편지를 보낼 생각을 하였다. 이 편지에서 자신이 겪는 모든 시련이 악 때문이라는 체념을 자세히 토로해 놓았다. 그는 수도승들에게 의견 충돌을 피하고 일치를 유지하기 위해 온 힘을 쏟으라고 권고하였다. 끝으로 자신의 수도원장직을 계승한 아탈라에게 불화를 일으키지 말라고 요청하였다. 아탈라가 골롬반과 함께 망명하길 원했다면, 발데린Waldelin이 수도원장직을 계승하든 안하든, 수도 공동체에서 누군가를 뽑아야 했다. 골롬반은 자신이 아일랜드에 강제 송환당하는 신세이지만, 경비병들도 도와줄 것처럼 보이기 때문에 탈출할 수 있다고 강조한다. 골롬반은 부르고뉴에 있는 수련자들에게 자신을 위해 기도해 달라고 청하면서 편지를 마감한다.

골롬반 일행을 아일랜드로 보낼 화물선이 출항을 준비하고 있을 때, 골롬반은 지역 교회 및 그 도시 지도자들에게 평소와 다른 요청을 했다. "내 동료들이 짐을 들고 선박에 오를 수 있도록 해 주시오. 대신 나는 르와르에서 먼 바다까지 작은 배를 타고 가겠소." 그는 노 없는 배를 타고 항해했던 아일랜드 수도승들을 따라서, 어디로 가길 원하든 거룩하신 주님이 인도하시도록 한 것이었을까? 온갖 사건들 속에서 하늘은 그들을 이끌어 갔다. 골롬반이 강 어귀에서 기다리는 동안, 태풍이 배 둘레에서 휘몰아쳤다. 사흘 동안 자기 배를 띄우려 했던 선장은 번번이 실패하였다. 그는 이를 표징으로 보고, 수도승들을 갈리아에서 추방하는 데 협조하지 않기로

했다. 선장이 골롬반과 일행을 해변가에 내려놓자, 골롬반의 친구
도 적도 모두가 하느님이 갈리아에 머물러 있기를 바라신다고 확
신하게 되었다.

5 그리스도를 위한 나그네

나는 태어난 날부터 죽는 순간까지 계속 움직여 왔습니다.

— 성 골롬반, 여섯 번째 설교

골롬반은 테오데릭 왕의 영지로 되돌아가지 않고, 테오데릭의 첫째 조카인 네우스트리아 왕 클로테르 2세의 왕궁이 있는 북쪽의 수와송Soissons으로 갔다. 클로테르는 그를 친절하게 맞이했고 네우스트리아에 수도원을 세워 달라고 청하기까지 했지만, 골롬반은 그 요청을 고사했다. 그는 브룬힐데의 두 손자가 보낸 밀사들이 도착할 때까지 왕궁에 머물렀는데, 그들은 서로 상대방을 견제하기 위해 클로테르 왕의 지지를 구했다. 골롬반은 "중립을 지키시오. 그러면 당신은 삼 년 안에 그들이 소유한 국가의 주인이 될 것이고 그들의 왕관은 당신 차지가 될 것이오"라고 조언했다. 이것이 그의 세 번째 예언이다.

네우스트리아를 떠나, 골롬반과 일행은 첫 여행지인 동쪽의 아우스트라시아를 향해 나아갔다. 골롬반은 로마를 최종 목적지로 삼은 듯하다. 파리Paris 관문을 지나면서 그는 악령에 사로잡힌 한 남자를 치료해 주었다. 마른Marne 계곡 안에 있는 모Meaux 근방에서 골롬반은 은인이었던 카네릭Chagneric과 함께 휴식을 취하였고, 그의 아홉 살배기 딸을 축복해 주었다. 그 딸은 성장한 후에 파르무티에Faremoutiers 수도원을 창설한다. 골롬반은 마른 계곡에 머무는 내내 땅 소유주와 그 아내의 환대를 받았고, 그들은 자기 자녀들을 축복해 달라고 요청했다. 그의 자녀들은 나중에 유명해졌다. 아도Ado는 주아르Jouarre 이중 수도원을 창설했고, 오덴Audoen은 레베Rebais 수도회를 창설했으며, 라도Rado는 뢰유Reuil 수도원의 주요한 후원자가 된다.

마침내 골롬반과 일행은 아우스트라시아 왕실이 있는 메츠에 도착했고, 테우데베르트Theudebert 왕의 환대를 받았다. 그곳에는 그를 환영한 다른 이들이 또 있었는데, 그들은 골롬반과 낭트에서 헤어질 때 다시는 볼 수 없으리라 생각했던 이들이었다. 그러나 존경하는 수도원 창설자인 골롬반이 메츠에 도착했다는 소식을 듣고 뤽세유 공동체의 많은 수도승이 그를 만나러 찾아왔던 것이다. 이미 골롬반과 애정 어린 작별 인사를 나누었던 에우스타시우스도 있었다. 아탈라는 수도원장직을 이어받았으나, 골롬반이 없는 뤽세유 대수도원에서 가장 낮은 자리에 있기를 좋아하였다. 카뇨알드는 자신의 아버지인 카네릭뿐 아니라 보벨린Bobelin과 우르시키누스Ursicinus 등 다른 이들의 소식을 가지고 찾아왔다. 이 큰 공동체가 함께 머물 공간이 다시 한 번 필요했다.

테우데베르트 왕은 수도승들이 이방 민족들에게 복음을 설교할 수 있도록 자기 영토의 동쪽 국경 부근에 머물도록 초대하였다. 중부 유럽 전체를 선교하겠다는 생각을 품고 있던 골롬반은 콘스탄스 호수Lake Constance 남동쪽에 있는 브레겐츠Bregenz로 갔다. 그러나 그곳에서 자신의 임무를 완수하자, 그는 계속 로마로 여행을 떠나겠다고 밝혔다.

메츠에서 브레겐츠로 가는 여행은 위대한 한 줄기 물길 여정이라 볼 수 있다. 맨 처음 그들은 바람을 타고 모젤Moselle 강에서 출발하여 라인Rhine 강과 만나는 코블렌츠Koblenz까지 배를 저어 갔다. 그 후 라인 강을 따라 마인츠Mainz에 도착한 유명한 항해는 지금도 낭만적이기 이를 데 없고 아름다운 강의 풍치로 각광을 받고 있다. 포도원과 암벽들, 바위투성이 절벽을 지나자, 과거 높은 곳에 우뚝 세워져 있던 성은 잔해만 남아 있었다. 장크트 고아르St Goar라는 그곳 출신 선교사 이름을 붙인 마을도 지나쳤다. 재앙을 달래려 희생 제물로 바쳐진 전설의 처녀가 기다리던 로렐라이 바위Lorelei rock도 지났다. '교황의 브라스밴드'라 불리던 아일랜드 정당 창당에 일조한 판사 키오Judge Keogh가 불행한 최후를 맞은 빙엔도 경유했다. 마인츠의 주교는 자기 교회에서 기도하는 골롬반에게 도움을 주었다.

요나는 이 아일랜드 수도승들이 라인 강을 거쳐 현 스위스 국경 쪽으로 나아간 힘겨운 여행에 대해 침묵한다. 그들은 이 여행 길에서 후대 왕이 다스리던 도시인 보름스Worms와 슈파이어Speyer를 지나갔다. 골롬반은 라인 강을 지나며 지은 「노 젓는 노래」the Rowing Song를 통해 풍랑과 돌풍 속에서 노를 저어 나갔던 고된 사연을 전해 준다. 전승에 따르면 우르시키누스는 바젤Basel 공동체를 떠나 쥐라Jura 산속에 홀로 머물 은둔처를 만들었다. 이곳에서 생우르잔St Ursanne 수도원의 선구자가 되었다. 우르시키누스가 아일랜드 출신이었다면, 그의 이름은 마흐아완Mathghamhain이라는 아일랜드식 이름을 라틴식으로 바꾼 것이다.

골롬반 일행은 라인 강 지류인 아르Aare 강으로 접어들어, 다음 지류인 리마트Limmat 강을 따라 취리히 호수Lake Zurich까지 갔다. 그들은 호숫가를 끼고 노를 저어 투겐Tuggen에 도착했고, 한동안 그곳에 미물기로 결정했다. 그 한 가지 이유는 이 지역민들이 켈트 풍습을 따랐기 때문인 듯하다. 이웃의 알라만족Alemannic은 그리스도교에 맞서 있던 유일한 게르만족으로 여전히 보덴 신[5]을 숭배하고 있었는데, 골롬반이 그중 몇 사람을 개종시켰다. 그러나 골롬반의 일행인 갈이 저돌적으로 그들의 신전에 불을 지르고 그들이

---

5 Woden. 북유럽 신화의 주신으로 지식·문화·시가·전쟁의 최고신.

콘스탄스 호수를 건너가는 골롬반과 동료들(10세기 작).
골롬반은 갈리아 지역에서 추방당한 후 동료들과 함께 배를 타고 라인 강과 콘스탄스 호수를 노 저어 간다. 「노 젓는 노래」를 손수 지어 부르며, 동료들과 합심하여 선교 여정을 계속한다. 이 책 2부 골롬반의 친필 시 작품 중 「노 젓는 노래」가 실려 있다.

제물로 바친 것을 호수로 집어던지는 바람에, 골롬반의 노력을 망쳐 버렸다. 알라만족 사람들이 갈을 살해하려는 시도를 미리 간파한 골롬반은 즉시 떠나기로 결정하고, 전체 공동체는 다시 한 번 이동하였다.

그들은 보덴제Bodensee(=콘스탄스 호수) 남부 호숫가의 아르본Arbon이라는 고대 로마 도시에서 한 그리스도교 공동체를 발견했다. 그곳 사제인 빌리마르Willimar는 그들을 한 주간 동안 극진히 대접했고, 그의 부제 세 명이 갈과 친밀해져 나중에 이 지역을 복음화하는 데 동참하였다. 빌리마르를 통해 골롬반은 호수 남동쪽의 브리간티움Brigantium 지역에 폐허로 내팽개쳐져 있던 로마 도시에 대해 알게 되었다. 그 오래된 요새를 방문한 그는 과거에 아네그레에서 수도생활을 시작했던 것처럼, 이 장소가 하느님이 그에게 안내해 주신 곳이라고 생각했다.

아르본에서 브레겐츠까지 24킬로미터쯤 작은 배를 타고 노 저어 호수를 가로질러 갔다. 호수 안으로 흘러들어 오는 라인 강 상류 지점에 도착한 그들은 성 아우렐리아St Aurelia에게 봉헌된 낡은 교회가 이교 신전으로 바뀌어 있는 모습을 발견했다. 그곳을 그리스도교 예배당으로 복원하는 것이 그들의 첫 임무였다.

발라프리트 슈트라보Walafrid Strabo가 전하는 9세기 성 갈의 생애를 보면, 수도승들은 이 장소를 마음에 들어 했다. 그러나, 요나는 수도승들이 브레겐츠를 좋아하지 않았다는 이야기를 들었다.

또 한 차례 같은 알라만족 언어로 설교하는 임무를 받았으나, 발라프리트에 따르면, '이 야만인의 언어를 전혀 몰라서' 설교를 할 수가 없었다.

발라프리트는, 아일랜드인인 갈과 성 아우렐리아 교회의 알라만족이 맞대면한 상황을 아주 생생하게 묘사한다. 갈이 먼저 청중을 향하여 교회 벽에 붙여 놓은 청동상들을 숭배하지 말라고 설교하였다. 그러고는 그 동상들을 떼어 내서 돌로 부수고 호수로 던져 버렸다. 옛 신들을 숭배하던 이들은 분노하며 그 자리를 떠나갔고, 남은 이들만 그리스도에게 예배하였다. 그때 수도승들이 그 건물 주위를 돌며 시편을 노래하였고, 골롬반은 축성한 물을 건물 주위에 뿌렸다. 마지막으로 골롬반은 제대에 기름을 발라 준비하고 성 아우렐리아의 유해에 제의를 입혀 올려놓은 채 미사를 거행하였다. 이렇게 610년 말 새 수도원이 브레겐츠에 세워졌다.

브레겐츠에 잠시 머문 골롬반 공동체 이야기는 발라프리트가 더 자세히 들려준다. 발라프리트는 그들이 그곳에서 삼 년 동안 머물렀다고 하였으나, 610년 말부터 612년 초까지였기에 실제로 머문 기간보다 더 길게 적어 놓은 셈이다. 수도승들은 작은 수도 공동체를 짓고 정원을 만들고 과실나무들을 심었다. 갈은 여전히 열정 많은 어부로서, 그물을 쳐서 라인 강과 보덴제 호수에서 물고기를 한 아름씩 잡아 올렸다. 뤽세유 공동체에 있던 때처럼 생활이 윤택해졌고, 부르고뉴에서 일어났던 것과 비슷한 기적적인 일들

이 전기 작가들 글 속에 묘사되어 있다. 예를 들어, 그들의 이웃 중에는 고위 성직자인 콘스탄츠의 주교가 있었던 듯하다. 수도승들이 궁핍해지자, 그가 제때에 밀을 선물로 주었다. 또 다른 이야기는, 골롬반이 아무런 방해 없이 기도할 수 있도록 곰 한 마리에게 그 숲을 떠나라고 명령한 이야기다.

숲속의 이교인 한 무리가 보덴 신에게 바친 맥주통을 둘러싼 곳으로 골롬반이 가까이 다가간 이야기도 요나가 전해 준다. 골롬반이 그 통 속에 숨을 불어넣자 굉음이 터지고 맥주가 바닥으로 몽땅 쏟아져 버렸다. 혼비백산한 이교인들이 "하느님의 사람이 내쉬는 숨에는 무시무시한 힘이 들어 있다"고 말했다는 해설을 덧붙이면서, 요나는 분명 미소를 머금었을 것이다.

이런 사건들은 이웃에게 호감을 주기 어려웠지만, 아우스트라시아 왕이 보호하는 한 수도승들은 비교적 안전하게 지냈다. 그러나 골롬반이 예고했던 왕의 3년 집권 기간은 이제 거의 끝나 가고 있었다. 현대 성인전 작가 몇은 골롬반이 브레겐츠에서 메츠에 이르는 긴 여행을 두 번이나 하고 되돌아와서 테우데베르트 왕과 면담을 했다는 것에 의문을 제기하지만, 요나는 이 방문을 단단히 확신한다. 골롬반은 왕에게 "왕관을 벗고 수도생활을 시작하라"고 권하였다. 왕이 이 말을 듣고 웃자 신하들도 따라 웃었다. 그들은 "메로빙거 왕들 중에 자진하여 성직자가 된 사람이 있다는 이야기를 들어 본 적이 있나요?" 하고 물었다. 그러자 골롬반은 왕의 이 말을 듣고 웃으며 답했다. "본인이 성직자가 되려고 하지 않을 때는 시켜 버리면 간단하죠."

612년 봄 아우스트라시아와 부르고뉴가 오랜 대립 끝에 드디어 전쟁을 벌였다. 아우스트라시아 군대가 툴Toul에서 첫 패배를 당하자, 테우데베르트는 형제를 살해할 목적으로 톨비악Tolbiac 전장에서 대접전을 벌였다. 그곳은 그들의 고조할아버지인 클로비스Clovis가 100년도 더 전에 프랑크족의 그리스도교 왕국을 세운 자리였다. 현재는 독일의 췰피히Zulpich 지역으로, 아헨Aachen과 본Bonn 중간 지점이다. 연대기 작가는 다음과 같이 전한다. "전투는 몹시 치열했고 학살은 너무 끔찍했다. 살해당한 시신을 뉘어 놓을 자리가 없어서 싸우고 있는 사람들 사이에 세워 두었다." 테우데베르트 왕은 휘하의 아우스트라시아 군대가 전멸하자 라인 강을 건너서 도망쳤지만 베르테카르 백작에게 붙잡혀 형제인 테오데릭 앞에 섰다. 이 백작은 두 해 전에 뤽세유에서 골롬반을 추방한 자였다. 어머니인 브룬힐데 여왕 명령으로 테우데베르트는 삭발을 당하고, 어떤 수도원에 갇혀 있다가 참수당했다.

한창 전쟁 중이던 어느 날, 골롬반은 브레겐츠 근처 숲에서 카뇨알드와 함께 있을 때에 대학살의 환시를 체험하였다. 이에 한 젊은 수도승이 "사부님, 테우데베르트를 위해 기도해 주십시오. 그가 우리 적인 테오데릭을 이길 수 있도록…" 하고 절규하자, 골롬반은 답한다. "너의 요청은 어리석으며 복음과도 맞지 않다. 주님

브레겐츠 골롬반 동상을 방문한 성 골롬반 회원들(2010년)

은 우리에게 적을 위해 기도하라고 요구하신다.”

　테우데베르트의 죽음은 골롬반을 감시하던 테오데릭이 부르고뉴의 이전 왕들처럼 아우스트라시아와 독일 지역을 점령하고 다스리게 되었다는 뜻이다. 브룬힐데는 자신의 신하에게 메츠를 통치하라고 명령하였다. 자신을 보호해 주던 테우데베르트 왕을 잃고 적의에 사로잡혀 추방을 명했던 왕과 여왕의 손아귀에 또다시 놓인 골롬반은, 분노를 산 그 지역 이교인의 배척까지 감당해야 하는 처지가 되었다. 당시 그 지역민들은 군초Gunzo 공작이 소유한 숲에서 사냥을 하곤 했는데, 이것을 수도승들이 간섭한다고 투덜거리며 몇 사람이 공작에게 고발했다. 이에 공작은 수도승들에게 브레겐츠를 떠나라고 명령했다. 골롬반은 이번에는 비타협적인 태도를 고수하며 아무 노력도 하지 않았다. 수도원에서 도둑맞은 젖소들을 찾으러 나갔던 수도승 두 명이 숲속에서 살해당했기 때문이었다. 다른 수도승들은 그들의 시신을 찾아 장례를 치르기 위해 수도원으로 옮겨 왔다.

골롬반의 첫 번째 계획은 알가우Algau 숲을 관통하여 도나우Danube 강 유역에 도착하는 것이었던 듯하다. 그러나 그에게 확신을 준 환시가 그를 이탈리아로 향하게 했고, 공동체에 이 결정을 공표하였으나 반대에 부딪혔다. 여러 게르만족 출신의 수도승들은 자기 종족의 터전을 떠나서 낯선 나라로 가고 싶어 하지 않았던 듯하다. 카뇨알드와 에우스타시우스 같은 이들은 곧바로 혹은 며칠 후에 뤽세유로 되돌아갔다. 당시 아일랜드 수도승들조차 골롬반의 결정에 모두 찬성하지 않았다. 같은 게르만어에 능숙해서인지 그의 스승을 따르려 하지 않았다.

골롬반과 같이 지상 삶에서 영원히 헤어지게 된 정황은 골롬반의 생애 중 분명 가장 슬픈 이별이겠으나, 요나는 이에 대해 일언반구도 없다. 우리는 같이 요나와 만났을 때 이에 대해 말하길 주저했거나, 아니면 자신의 치명적인 상처를 후대에 전하지 말라고 요청하지 않았을까 예상할 뿐이다. 따라서 현재 우리는 발라프리트가 장크트갈렌 수도원의 전승 자료를 참고로 제시한 내용에 의지하지 않을 수 없다. "그들이 떠날 시간이 다가오자, 갈은 갑자기 열병에 걸렸다. 그는 수도원장 발 앞에 엎디어 '극심한 열 때문에 여행을 할 수 없습니다' 하고 말했다. 골롬반은 그에게 '형제가 나를 위해서 고단함을 무릅쓰고 무거운 짐을 지고 있음을 이제서야 알겠소. 그렇지만 나는 떠나기 전 형제에게 금령을 내리겠소. 내가 살아 있는 동안 형제는 미사를 봉헌해선 안 되오' 하고 답했다."

이 결정은 매우 심한 처사로 보인다. 발라프리트조차 유감이라고 느껴서인지, 갈이 일하던 곳에 대한 애착과 긴 여행이 가져올 피로를 두려워했고, 골롬반이 이 사실을 헤아렸다고 덧붙인다. 그러나 평소 골롬반은 병에 걸린 수도승들을 친절하게 대했다. 당시 상황을 정확히 알 수 없는 우리는 두 성인 사이의 불화에 대해 시시비비를 가릴 수가 없다. 그러나 골롬반이 자신의 사명이라고 믿는 것을 신중하게 결정할 때는, 그 어떤 인간적 집착에도 매이지 않았음을 다시 한 번 보게 된다.

그렇게 헤어진 후, 갈은 아르본 호숫가를 가로질러 자신이 쳐 놓은 그물 자리로 노를 저어 갔다. 그곳에서 사제 빌리마르와 그의 부제들이 그를 간호해 주고, 슈타이나흐Steinach 강가에 쉴 곳을 마련해 주었다. 이곳은 어느 날부터인가 그의 이름과 연관되었다. 한편 골롬반은 산길을 따라 브레겐츠에서 쿠르Chur로 갔다.

우리는 얼마나 많은 수도승들이 그와 동행했는지 알 수 없으

스위스 디센티스 올리보네Disentis Olivone. 1400여 년 전 골롬반은 일흔 살 노구를 이끌고 동료들과 함께 험준한 알프스 산을 넘어 로마로 향한다. 골롬반의 여정을 따라 알프스 산길을 걷는 골롬반 회원들(2010년).

  그리스도를 위한 나그네

며, 몇 명의 이름을 추리해 낼 수 있을 뿐이다. 그중 한 명이 보비오Bobbio 수도원의 수도원장이 된 아탈라Attala이다. 다른 한 명은 쿠르에서 일행과 헤어진 지그베르트Sigebert로, 생고타르St Gotthard 산맥 기슭에 자신의 은둔처를 마련하였고 이는 뒷날 유명한 디젠티스Disentis 수도원으로 성장했다. 우리가 아는 한 골롬반만이 그 공동체의 유일한 아일랜드인이었다. 쿠르 남부에서 골롬반이 무엇을 했는지 요나는 기록해 놓지 않았기에 교회 자료들과 지역 전승들에 의존할 수밖에 없으나, 그는 특별한 길을 따라간 듯하다.

어느 길을 지나갔든지 그가 통과한 알프스는 일흔 살 사내에게는 분명 혹독한 시련이었을 것이다. 그는 먼 남쪽에서 보이기 시작한 롬바르디Lombardy 평원을 가로막고 있던 2000미터 이상 치솟은 높은 산을 올라야 했다. 요나의 기록을 보면, 골롬반은 이미 밀라노에 있는 롬바르드Lombard 왕의 궁정에 있다.

롬바르드족은 골롬반이 대륙에서 함께 지낸 다른 종족들과 마찬가지로 게르만인이었지만, 다른 게르만인들과 구별되는 한 가지 차이가 있었다. 그들만이 현 이탈리아에 정착해서 살고 있는 유일한 게르만으로서, 골롬반이 살던 당시에 이미 그곳을 식민지로 다스리고 있었다. 또 다른 한 가지는, 그들이 로마식 그리스도교와 '그리스도의 신성'을 인정하지 않는 아리우스파[6]를 따랐다는 점

---

6 Arianism. 그리스도가 실제로는 신이 아니라 피조물이라는 주장. 스스로 존재하며 불변하는 하느님의 유일성이 기본 전제. 그러나 성자는 스스로 존재할 수 없고 신성은 유일해서 나

이다. 그러나 골롬반과 수도승들은 아길룰푸스Agilulf 왕과 독실한 왕비 테우델린다Theudelinda의 환대를 받았다. 과거에 그래 왔던 것처럼, 왕은 이 아일랜드인에게 자기 영토에 남아 달라고 초청하였고, 그가 선택하는 곳은 어디라도 수도원을 짓게 해 주겠다고 약속했다.

골롬반은 613년 밀라노에 한동안 머물렀다. 이 기간에 그는 가장 좋은 시를 지었다. 본인의 성향에 따라 골롬반은 아리우스 논쟁에 뛰어들었다. 요나는 골롬반이 이단자들에 맞서서 뛰어난 소논문을 썼다고 밝혔지만 아쉽게도 그 논문은 현존하지 않는다. 현재 남아 있는 그의 설교문들은 아마도 밀라노에서 집필하고 보존해 온 것이리라. 무엇보다 그는 삼위일체 교리를 강조하는데, 이것은 아리우스파가 가장 끈질기게 공격한 것이다.

그는 밀라노에서 교황 보니파시우스 4세(재위 608~615년)에게 유명한 편지를 써 보냈다. 이 편지의 배경을 충분히 이해하려면, 네스토리우스파[7]와 단성론자들[8]이 단죄받았던 성 패트릭(386~461년)

누거나 전가할 수 없고 불변하므로, 복음서에 나타난 성장하고 변화하는 성자는 하느님일 수 없다고 주장. 381년 콘스탄티노플 공의회에서 이단으로 정죄.

7 Nestorians. 그리스도 안에 신성(神性)과 인성(人性) 두 본성이 나뉘어 존재하므로 실상 그리스도는 두 인격이라고 주장.

8 Monophysites. 예수 그리스도의 한 인격 안에 두 본성, 곧 신성과 인성이 있다는 교리를 부인하고 오직 하나의 본성만 존재한다고 주장.

시대부터 삼장 논쟁[9]을 벌이던 시기까지 150년을 거슬러 올라가야 한다. 이 일련의 분열과 논쟁들은 롬바르드의 주교들과 도시 통치자들을 완전히 혼란에 빠뜨려 놓았다. 한 집단은 로마와 손을 잡았고, 다른 집단은 열교[10]에 빠졌다. 골롬반이 자신의 개척지에 당도하자마자, 코모Como의 주교는 "교황 보니파시우스가 네스토리우스파라고 의심받고 있다"는 내용의 편지를 내보이며 골롬반을 위협했다. 안타깝게도 골롬반의 답변은 남아 있지 않다. 롬바르드 궁정에서 교황이 이단 지지자로 공격받는다는 소식을 듣고, 로마 교회를 향한 아일랜드 교회의 타고난 충성심이 골롬반 안에서 샘솟았다. 아길룰푸스 왕은 골롬반을 재촉하여 교황에게 해명 편지를 쓰도록 강력하게 권하면서 "교황이 모든 주장들 중에서 진리가 무엇인지 알려 준다면, 교황의 결정을 따르겠다"고 약속했다. 골롬반은 이 임무를 흔쾌히 수락했다.

이것은 현재 남아 있는 5천 글자로 된 가장 긴 편지로, 프랜시스 맥마누스Francis McManus는 '알아듣기 쉬운 속도로 40분 정도 읽을 분량'이라고 밝힌다. 골롬반은 두운법, 모음법, 은유법, 속담, 재담에 이르기까지 온갖 문학적 장치를 동원한다. 교회가 "폭풍우

---

9 Three Chapters' controversy. 그리스도 단성론을 받아들인 황제 유스티니아누스가 안티오키아 신학자 세 명을 네스토리우스파로 단죄했던 데서 유래한 논쟁.

10 열교는 교계 체제를 탈피하는 교회, 즉 교황을 교회의 수장으로 삼는 것에 반대하는 교회다. 이는 교리를 반대해 갈라진 이단과는 다르다.

치는 바다를 항해하고 있다"거나 "트럼펫을 요란하게 울리며 전쟁에 참전한다"는 은유가 한 예다. 또 아일랜드인이라면 이런 경우 당연히 옛 속담을 사용할 것이다. 그는 자신의 이름을 가지고 뻔한 농담을 하고, 황제의 명령으로 '삼장 논쟁' 때문에 단죄를 받은 교황 비길리우스Vigilius의 이름을 가지고 두세 가지 농담을 지어낸다. "그러므로 깨어 있으십시오(Vigilia). 교황께 요청합니다. 그리고 다시 말씀드립니다. 깨어 있으십시오(Vigilia). 비길리우스Vigilius는 깨어 있지(Vigilavit) 않은 것 같기 때문입니다." 다소 아첨하는 듯한 첫 문장과 달리, 당시 이런 표현이 정중한 연설의 관용구였는지는 몰라도, 이 편지에 나오는 집요하고 열렬하고 대범한 지적은 거의 공격적이기까지 하다.

우리는 교황 보니파시우스가 답변을 보냈는지, 혹은 골롬반의 편지가 교황에게 제대로 전달되었는지조차 모른다. 그러나 로마 교회에 뚜렷한 지시를 요청했고, 아길룰푸스는 죽을 때까지 아리우스파로 남았으며, '삼장 논쟁'은 그 후에도 계속하여 교회를 심각하게 뒤흔들어 놓았다. 후대에 골롬반이 직접 로마를 방문했다는 말이 나왔으나 이는 근거가 희박한 이야기다. 요나는, 여기서 또다시 성인의 생애 중 몇 가지 사건을 생략해 버린다. 그는 교황 보니파시우스에게 보낸 논쟁적 편지에 대해 침묵한다. 그러나 교황 방문이 성사되었더라면, 분명 언급했을 것이다.

6 최종 도착지

우리는 여행자이고 세상의 순례자이기 때문에

이 여정의 끝을 깊이 성찰합시다.

이것이 우리 삶입니다.

우리가 가는 길의 끝이 우리 집이기 때문입니다.

— 성 골롬반, 여덟 번째 설교

골롬반이 밀라노에 머물러 있는 동안, 북부 이탈리아 출신 유쿤두스Jucundus라는 사람이 아길룰푸스 왕에게 찾아와서 남쪽으로 113킬로미터 밖 언덕의 허물어져 가는 성 베드로 성당에 관심을 가져 달라고 요청하였다. 그곳의 보비오 시냇물은 이탈리아 북부의 트레비아Trebbia 강으로 흘러서 포Po 강으로 이어진다. 그곳은 골롬반이 계속해서 꿈꿔 온 지형을 갖추고 있었다. 토지가 거칠고 물이 풍부하고 숲이 우거져 있는 외떨어진 곳 말이다. 왕은 골롬반에게 주변 6.4제곱킬로미터의 땅을 주었고, 골롬반은 흡족하게 받아들였다. 그는 확실히 왕이나 주교들과 얽히는 것보다는 자신이 사랑한 고독 속에 잠기는 것을 좋아했다.

그는 여행을 하며 로디Lodi, 파비아Pavia, 파센자Pacenza를 지나서, 현재 산 콜롬바노San Columbano 시가 있는 람브로Lambro의 야트막한 계곡을 따라갔다. 이 지역에는 지금도 골롬반을 추모하고 있음을 보여 주는 많은 흔적이 있다. 보비오에서 골롬반이 맨 처음 한 일은 성 베드로 성당을 재건하는 것이었다. 일흔 살의 수도원장이 페니체 산Monte Penice을 오르내리면서 성당을 짓기 위해 목재 나르기를 도왔다는 다소 경이로운 사실을 요나는 전한다. 614년 겨울이 닥치기 전에, 새로운 아일랜드식 보비오 수도원이 아펜니노 산줄기의 작은 둔덕에 세워졌다. 또한 보비오 수도원에서 북동쪽과 남서쪽으로 조금 떨어진 곳에 두 개의 은둔 동굴을 마련한 다음, 수도원장은 홀로 하느님과 머물기 위해 그 동굴로 가곤 했다.

갈리아에서도 골롬반은 잊힌 존재가 아니었다. 부르고뉴의 승리자인 테오데릭 왕이 메츠에서 사망한 613년은, 패배한 테우데베르트를 살해한 지 고작 반 년이 지난 때였다. 브룬힐데 여왕은 네우스트리아 왕국의 군대에 붙잡혀 채찍으로 맞고 벌거벗겨진 채로 클로테르 왕의 명령에 따라 사흘 동안 낙타 등에 묶인 채 구경거리가 되었다. 그녀는 야생마의 꼬리에 머리칼이 묶인 채로 온몸이 갈기갈기 찢길 때까지 끌려다녔다. 마침내 그녀는 야영지에

오른쪽 골롬반이 말년을 보낸 보비오의 산 미켈레 동굴San Michele Cave. 골롬반은 이곳에서 홀로 기도했고 마침내 하느님 곁으로 돌아갔다. 골롬반의 선교 여정을 따라 순례한 골롬반 회원들이 미사를 봉헌하고 있다.

보비오의 산 미켈레 동굴에 있는 성 골롬반 청동 부조. 태양빛을 후광으로 받으며 '성 골롬반의 푸른 새순' 곁에 편안히 서서 두 팔을 벌려 복음을 전하며 온갖 피조물을 환대하는 모습이다. 전승에 따르면 오랜 단식으로 허약해진 성인이 '성 골롬반의 푸른 새순'이라 불리는 월귤 나무의 붉은 열매를 먹고 기운을 회복했다고 한다.

버려졌고 쓰레기를 태우는 불구덩이에서 불태워지고 말았다. 클로테르 왕의 승리가, 골롬반이 말한 세 가지 예언의 성취였노라고 요나는 전한다.

갈리아 거의 전역의 주인이 된 클로테르 왕은 뤽세유 수도원의 에우스타시우스 수도원장을 보비오로 보내어, 골롬반을 뤽세유로 되돌아오도록 초청하고 귀족들에게 호위를 명했다. 그러나 골롬반은 이 초청을 정중하게 거절하면서, 에우스타시우스가 훌륭한 수도원장이므로 뤽세유를 위해서 왕을 잘 도와줄 거라고 강조하였다. 현재 남아 있지는 않지만, 클로테르 왕에게 보낸 편지에서 골롬반은 몇 마디 힐책을 전한다. 아마도 브룬힐데 여왕을 비인간적으로 처벌한 것에 관한 내용이리라. 이 편지가 골롬반의 최후 저작이다.

놀랍게도 요나는 골롬반의 죽음에 대해 거의 다루지 않는다. 요나는 골롬반이 서거하고 3년 후에 보비오 수도원에 수련수사로 입회했기에, 연대기에 기록하기에는 너무 잘 알려진 정보였을 것이다. 전승에 나오는 대로 수도원이 아닌 산속 은둔처에서 성인이 선종했다면, 요나에게 별 정보가 없었다는 사실은 납득이 가는 일이다.

지상의 마지막 날들을 보내며 골롬반은 갈에 대해 생각했다. 갈은 뱅거에서부터 골롬반과 동행한 용감한 동료 아일랜드인 가운데 최후의 생존자로, 유럽 순례 기간의 절반 이상을 줄곧 함께 했으며 골롬반에게 '죽을 때까지' 순종하면서 '침묵을 지켜 왔다'.
죽기 직전 골롬반은 지친 발걸음으로 보주, 쥐라, 알프스와 아펜
니노 산맥을 통과할 때 짚었던 지팡이를 용서의 표지로 갈에게 보
내라고 명령했다. 그러고는 615년 11월 23일 일요일 오전에 마지
막 숨을 거두었다.

같은 시간 북쪽으로 수백 킬로미터 떨어진 곳에 있던 갈은 그
의 부제인 맥노알드Magnoald를 깨워 미사 집전에 필요한 모든 것을
준비하라고 일렀다. 그러고는 부제를 놀라게 한 말을 털어놓았다.
"나의 주인이요 사부이신 골롬반께서 오늘 고통스런 이승을 떠나
기쁨이 넘치는 천국으로 가셨음을 환시를 통해 알게 되었네. 나는
그분의 안식을 위해 미사를 봉헌해야 한다네." 미사를 마치자마자
맥노알드가 급히 보비오로 갔고, 갈이 환시로 본 것과 똑같은 일이
벌어졌음을 확인하였다. 그는 하룻밤을 머물고는 바로 다시 출발
하여 8일 만에, 골롬반의 마지막 시간들을 기록한 수도승들의 편
지와 용서의 지펑이를 들고서 장크트갈렌으로 돌아왔다. 갈은 그
것을 십 년이 넘도록 자신의 스승이 남겨 준 선물이자 삼 년간의
속죄를 끝내는 징표로 소중하게 간직했다. 627년 에우스타시우스
가 죽자 여섯 명의 아일랜드 수도승은 갈에게 뤽세유의 수도원장
이 되어 달라고 초대했다. 그러나 갈은 이 초대를 거절하고, 아르
본에서 생을 마감할 때까지 콘스탄스 호숫가에서 살았다. 그의 사
망 연대는 분명치 않으나, 630년경으로 어림한다. 그는 이전 수도

원 제대 근처에 묻혔다. 그의 마지막 십 년은 외로웠을 것이다. 그와 함께 아일랜드를 떠나온 이들은 모두 오래전에 죽었거나 뤽세유 수도원에서 멀리 떨어져 있었기 때문이다. 그러나 그는 스스로를 위로하였다. 골롬반은 자신이 수도원들을 창립한 곳에서 심각한 위협을 받고 추방당한 추문의 주인공이었다. 그러나 갈은 살아생전 자기 스승이 설립한 수도원들이 잘 유지되고 백배의 열매를 맺는 모습을 여한 없이 보았다. 그가 죽기 전 골롬반의 제자들은 서구 유럽 곳곳에 수도원을 설립하였다.

7 위대한 흔적

이제 나는 겸손한 기도로 마지막 말을 마치려 합니다.
이 시를 읽을 때 저를 기억하시기 바랍니다.

– 성 골롬반, 세투스Sethus에게 보낸 시

우리는 골롬반의 성향과 인격, 곧 그의 금욕성, 솔직함, 용기, 비세속성에 대해 이야기할 수 있다. 그러나 이 덕목들과 다른 이들의 평가는 언뜻 서로 모순되어 보이는데, 이를 어찌 몇 개 문단으로 요약할 수 있겠는가?

『성 골롬반 작품집』Sancti Columbani Opera을 편집한 G.S.M. 워커는 그 책의 가장 멋진 한 구절에서 이 다채로운 가닥들을 찬연하게 묘사하면서 골롬반이 비범한 인성을 품은 강력한 인물이었다고 밝힌다. 내가 골롬반의 인간됨을 워커보다 더 낮게 표현한다는 것은 주제넘는 일이겠기에 워커의 말을 인용하겠다.

당당한 성격은 불행히도 소모적 증오를 낳는다. 골롬반은 거칠 것 없는 언행과 개성 강한 굳건한 정신으로 말미암아 살아생전 논쟁에 자주 휘말렸다. 그의 고결함은 다이아몬드와 같이 단단하고 정련되어 있었다. 자기 자신에게 냉엄했던 그는 다른 이들에게 자신의 결정을 밝힐 때에도 굳건했으며, 어머니의 눈물 앞에서조차 타협의 여지를 두지 않았다. 고독을 선택하면서 대단한 공적 영향력을 갖게 되었고, 겸손을 가르치면서 교황과 황제들에게 공정함을 요구했다. 잘못되어 간다고 확신한 문제에 대해서는 뜨거운 논쟁을 불사했고, 그가 자제하던 에너지는 천둥과도 같이 대기를 순식간에 휩쓸어 버리고는 이내 평온한 일상으로 돌아올 수 있었다. 그의 폭발하는 분노는 잔불을 남기지 않고 가라앉았다. 단순함과 유연함을 겸비한 이 진솔한 남자는 제 의견을 기탄없이 밝히는 것에 반감을 가진 이들의 눈총을 샀다. 드물긴 했지만 집에서 놀고 있는 꼬마 아가씨와 함께 어울리거나, 서둘러 망명을 떠나야 해서 인사를 못한 수도승에게 안부를 전했다. 그의 나눔은 가난한 이들, 아픈 이들, 불행한 이들을 끌어들였다. 쇠사슬에 묶인 범죄자들조차 골롬반이 기도할 때면 그 옆에서 무릎을 꿇어야 한다고 느꼈고, 거친 군인들도 뤽세유 수도원에 당도했을 때 그에게 용서를 구했다. 뜨거운 신앙심과 결합된 온화한 이해심은 몸과 영혼을 치유하는 그의 놀라운 능력을 믿게 해 주었다. 통찰력 있는 정치적 안목에 따른 놀랄 만한 예언은, 골롬반을 신비로운 영향력을 지닌

IN · MEMORIA · DEL · CONIVGI

골롬반의 수도생활 모습을 담은 스테인드글라스.
프랑스 생발베흐 성당Chapel San Valbert 소장.

선각자로 보게 했다. 현학적 재담에서 말고는 유머를 피했으나, 타고난 섬세한 감성은 모든 계층의 사람들을 매료했다. 그런 연유로 귀족들은 자기 아들의 교육을 믿고 맡겼으며, 왕들과 궁정 신하들은 그의 비판을 흔쾌히 받아들이려 했다. 공동체와 있을 때면 그에게는 쉴 공간이 없었다. 온갖 일을 유능하게 처리하던 그는 자기부정의 마음가짐도 지니고 있었다. 학문은 그의 타고난 시적 열정을 균형감 있게 표출하지 못하게 했기에 큰 매력을 주지 못했다. 소수자 편에서 진리를 찾도록 인도해 준 것은 고독이었다. 한 번 논쟁에 뛰어들면, 그의 용기는 한 치도 물러섬이 없었다. 강한 신체적 힘은 강인한 정신력과 혼연일체를 이루고, 그의 열린 태도는 준수한 얼굴과 잘 어울렸다. 그러나 원칙에 대한 헌신은 냉철한 정확성을 지닌 그의 따뜻한 영혼을 메마르게 하는 경향이 있었다. 독창성이 부족했음에도 그의 재능은 고요한 수도원 생활에 퍽 적절했고, 사심 없는 결정은 그를 당대의 뛰어난 지도자로 만들어 주었다. 아주 복합적이면서 상반된 성격, 곧 겸허함과 도도함, 냉엄함과 온화함, 현학성과 성급함은 성인이 되겠다는 열의를 인도하고 통합시켜 주었다. 그의 모든 행위는 이 하나의 목표로 수렴되었고, 자기희생으로 본인이 알고 있던 하나의 분명한 길을 걸으면서 자신의 영혼을 하느님께 봉헌하였다. 그는 자신이 살던 시대적 정황을 헤쳐 나간 선교사이자 사명을 수행한 수도승, 세상사에 자주 개입한 관상가이자 하느님 나라로 걸어간 순례자다.

제2부 골롬반의 친서들

오스트리아 브레겐츠 성 골롬반 성당에 장식되어 있는 족자

들어가며

현재 남아 있는 골롬반의 저작들은 모두 라틴어로 쓰여 있다. 그중 몇 작품은 그가 살던 시대의 구체적인 인물들과 연관되어 있다. 또한 그들을 언급한 작품은 논쟁의 성격을 띠기 때문에, 요나가 전해 주는 내용 말고도 다른 사실들에 접근할 수 있다. 이를 통해 골롬반의 입장과 인간성에 관한 여러 특성이 드러나기도 한다. 그의 타고난 보수성과 혁신적인 것에 대한 의심, 교황권에 대한 존경과 부자·권력자에 대한 무시, 거침없는 솔직함과 친구들을 향한 애정 어린 돌봄이 그것이다.

안타깝게도 골롬반의 저술들은 아주 많이 없어졌다. 가장 아쉬운 것은 뭐니 뭐니 해도 그의 시편 주해다. 요나는 골롬반이 젊었을 때 시편 주해서를 집필했다고 전하는데, 그것은 골롬반 사후 몇백 년간 필사본으로 남아 있었다. 장크트갈렌 도서관에는 9세기까지도 한 부 보관되어 있었고, 보비오 수도원에는 10세기까지 전해졌다고 한다. 골롬반은 친필 편지에서 교황 그레고리우스에게 책 세 ‘권’을 보냈고, 그 요약본을 아리기우스Arigius에게도 보냈으며, 『삼장서』The Three Chapters에 대한 논문도 썼다고 언급하지만, 이 모두가 사라졌다. 현재는 교황 그레고리우스에게 보낸 편지들 중 단 한 편만 남아 있을 뿐이다. 요나는 골롬반이 밀라노에서 아리우스파에 반대하여 쓴 한 편의 논문과, 프랑크 왕들인 테오데릭과 클로테르에게 쓴 편지들에 대해 언급하고 있으나, 어디서도 그 흔적을 확인할 수 없다. 그럼에도 남아 있는 그의 저작들은 아주 인상적이며, 최초의 위대한 아일랜드 문필가로서 그 시대 인물을 통틀어 가장 독보적이다. ‘최초의 위대한 아일랜드 문필가’라는 칭호는 아마도 친저가 모두 남아 있는 앞선 시대의 동명이인 이오나Iona의 골롬바에게 붙여야 했으나, 현존하는 글 중 극소수만 그의 글이며, 골롬반의 작품에 필적할 만한 것은 라틴어 시 두 편 정도이다.

골롬반의 저술은 네 종류로 나뉜다. 수도규칙과 참회 규정서, 편지글, 설교집, 시 작품이다. 이 작품들은 몇 개 판본이 있고, 이 판본들은 17세기 라우스 주Co. Louth 출신의 프란치스코 수도회 사제인 패트릭 플레밍Patrick Fleming과 깊은 관련이 있다. 그는 루뱅Louvain에서 시작하여 유럽 지역을 두루 여행했고, 골롬반에 대한 자료를 찾기 위해 부지런히 수도원과 도서관을 뒤졌다. 그는 1623년 보비오 수도원을 방문했고 1630년 골롬반에 대한 자신의 위대한 저작을 인쇄업자에게 맡겼다. 그 후 갑자기 죽는 바람에, 1667

년에야 플레밍이 편집한 『성문집』*Collectanea Sacra*을 토머스 쉬린 Thomas Sheerin 신부가 펴내었다.

더 최근에 나온 골롬반 저작 편집본은 미뉴 신부Abbé Migne의 『라틴 교부 총서』*Partologia Latina* 80권째에 나온다. 그는 골롬반을 세계 장서에 기록된 서구 교부들 중 한 사람으로 보았다. 그러나 비판본을 만들지 않았고 골롬반의 이름을 빌려 쓴 후대 저작과 골롬반의 친저를 구분하지도 않았다. 19세기 말에 독일 학자들이 이러한 작업을 추진했다. 뒤믈러Dümmler가 1881년 초에 「노 젓는 노래」를 편집하였지만, 그는 이 작품의 저자가 카롤링거왕조 시대의 알려지지 않은 골롬반이라고 했다. 군트라흐Gundlach는 1892년 나머지 시들과 『게르만 역사』*Monumenta Germaniae Historica*와 『서간집』*Epistolae*에 있는 산문 편지들을 출간했다. 제바스Seebass는 1894년에서 1897년에 이르는 동안 독일 교회에서 골롬반이 쓴 설교문 몇 편과 함께, 두 가지 수도규칙과 참회 규정서를 편집하여 포함시켰다. 브루노 크루쉬Bruno Krusch가 1902년 출간하고 1905년 증보판으로 재발행한 『게르만 역사』는 지금도 요나가 쓴 『성 골롬반의 생애』의 표준적 비판본으로 남아 있다. 하나의 필사본에 기초한 요나의 책 새 판본은 토시M. Tosi가 편집하여 1965년 이탈리아에서 출간됐다.

이 모든 골롬반의 글들은 워커G.S.M. Walker가 편집해서 출간한 『성 골롬반 작품집』으로 대치되었다. 그것은 골롬반의 모든 작품

을 휴대하기 좋게 한 권으로 모은 첫 번째 책으로, 정확한 내용을
적절하게 정리해 놓았다. 이렇게 되살려 낸 골롬반의 친필 라틴어
작품을 이 책에서는 훨씬 편하게 의역하였다.

1 수도규칙과 참회 규정서

『수도승 규칙서』*Regula Monachorum*와 『공동체 규칙서』*Regula Coenobialis*
는 성 골롬반이 직접 쓴 것이다. 각 규칙서의 많은 필사본은 9~10
세기 것이다. 『공동체 규칙서』는 뤽세유 수도원의 골롬반 계승자
들이 나중에 덧붙인 내용까지 포함하여 늘어난 한편, 『수도승 규
칙서』는 시대에 따라 적합하지 않은 내용이 삭제됨으로써 점차 짧
아졌다. 따라서 『수도승 규칙서』는 전체가 골롬반의 친필 작품 그
대로지만, 『공동체 규칙서』는 일부만 그렇다.

골롬반의 『참회론』*De paenitentia*은 아일랜드 교회의 참회 교리를
연구하려는 이들에겐 가장 중요한 문서 중 하나다. 이 『참회론』은
수도승만이 아니라 평신도에게도 유익한 개인적 회심을 체계화해
놓은 것으로, 아일랜드 전통의 초기 참회 규정을 유럽 교회에서 받
아들여 새로운 고백성사 신학을 발전시키는 데 결정적인 영향을
끼쳤다.

이 세 문서는 다소 무미건조한 라틴어로 쓰여서, 골롬반의 다른 작품들이 보여 주는 수사학적이고 상상력을 자극하는 문체와 사뭇 대조된다.

──수도승 규칙서 The Rule of the Monks

성 골롬반이 자신의 수도승들에게 제시한 규칙은 세세한 일상 규칙의 나열이기보다는 순종, 청빈, 순결, 고행, 침묵 등 수도 생활의 기본 덕목에 관한 포괄적인 논문 형식의 글이다. 라포르테 Laporte는, 이 규칙서 앞부분은 뱅거 수도원의 콤갈 수도원장이 쓴 내용을 요약한 것이라고 말한다. 그 규칙이 요구하는 것은 엄격하지만 신중하고 관대한 권유 형식을 띠고 있다. 전체 규칙은 영혼의 내적 준비에 관해 다룬다. 한편, 성무일도의 규칙적 암송과 음식 및 음료에 관한 몇 가지 규정만은 자세히 밝혔다. 이 점에서 골롬반의 수도규칙은 성 베네딕도의 세밀한 수도규칙과는 상당히 다르다.

아래에 수도승 규칙서 일부를 요약해서 소개한다.

그 무엇보다 우리는 하느님을 우리의 온 마음과 온 정신을 다해 사랑해야 하고 우리 이웃을 자기 자신처럼 사랑해야 한다. 우리의 모든 일은 이 사랑과 맞닿아 있어야 한다.

1. 맨 앞에 놓아야 할 말은 순종이다. "너희 말을 듣는 이는 내 말을 듣는 사람"(루카 10,16)이라고 하신 주 예수의 말씀처럼 우리는 순종을 통해 하느님께 순종하기 때문이다. 어떤 명을 받고 바로 시작하지 않는다면, 순종하지 않는다고 비판받을 수 있다. 반발하면서 명을 따르지 않는 사람은 불순종의 죄를 짓는 것일 뿐 아니라 다른 이들을 부추겨서 분열을 일으킨다. 불평하며 순종한다면, 그것은 마음으로부터 우러난 것이 아니므로 불순종이다. 따라서 자신의 선의를 보일 때까지, 그의 행위는 아무 쓸모도 없다. 언제까지 순종해야 하는가? 죽기까지 순종해야 한다. 그리스도께서 우리를 위해 성부께 죽기까지 순종하셨기 때문이다. "그 마음을 여러분 안에 간직하십시오. 그분께서는 하느님의 모습을 지니셨지만 하느님과 같음을 당연한 것으로 여기지 않으시고 오히려 당신 자신을 비우시어 종의 모습을 취하시고 사람들과 같이 되셨습니다. 이렇게 여느 사람처럼 나타나 당신 자신을 낮추시어 죽음에 이르기까지, 십자가 죽음에 이르기까지 순종하셨습니다"(필리 2,5-8). 그리스도의 참된 제자는 모든 것 안에서 순종한다. 그것이 얼마나 어렵든 불쾌하든 열정과 기쁨으로 받아들이고 따라야 한다. 이 순종만을 주님께서 받아들이신다. "제 십자가를 지고 나를 따르지 않는 사람도 나에게 합당하지 않다"(마태 10,38). 주님은 제자의 자격에 대해서도 말씀하신다. "나와 함께 나를 위해 일하

는 이들 가운데 나 또한 있겠다.”

2. 성실하게 침묵의 규칙을 준수하라. “올바름을 키우는 것은 침묵과 평화”다. 필요하거나 유익할 때만 말하라. 수도승은 침묵해야 한다. “말이 많으면 실수하게 마련”(잠언 10,19)이다. 우리 주님은 말씀하신다. “네가 한 말에 따라 너는 의롭다고 선고받기도 하고, 네가 한 말에 따라 너는 단죄받기도 할 것이다”(마태 12,37). 진실로 그들은 단지 말하기 때문이 아니라, 사악하고 부당하고 신뢰할 수 없고 헛되고 해롭고 앞뒤가 맞지 않고 틀리고 논쟁적이고 독설적이고 수치스럽고 황당하고 모독적이고 가혹하고 비뚤어진 말들을 수다스럽게 지껄이길 좋아하기 때문에 비난받는다. 수도승은 이 같은 말을 결코 해선 안 되고, 신중함과 바른 이성으로 혀를 통제해야 한다. 말로 인해 자존심을 건 중상모략과 반박에 걸려 넘어지지 않기 위해서다.

3. 수도승의 음식은 소박하게, 양배추와 채소와 물과 빵 한 조각을 저녁에 먹도록 한다. 폭식과 폭음을 피하여 몸을 상하게 하지 말고 건강을 유지하라. 과식은 정신을 흐리멍덩하게 만든다. 영적 보상을 찾는 이들은 실생활에 꼭 필요한 것만으로 만족해야 한다. 식사와 노동이 적절히 조화된 참된 식별이 요청된다. 진정한 영적 성숙은 금욕으로 몸을 통제해야 실현되

골롬반이 사용했다고 전해지는 숟가락. 보비오 수도원에 보존되어 있다.

지만, 금욕이 지나치면 악행이 될 것이다. 따라서 수도승은 매일 단식하면서도 음식으로 몸을 돌봐야 한다. 이를 위해서 소박한 음식을 적게 먹는다. 이렇게 매일 먹는 유일한 목적은 매일 덕행을 실천하고, 매일 기도하고, 매일 일하고, 매일 독서하기 위해서다.

4. 그리스도를 위해 살아가는 수도승에게 이 세상은 십자가에

못 박혀 있고 수도승 또한 이 세상에 못 박혀 있으니, 항상 탐욕을 경계해야 한다. 여유분의 소유뿐만 아니라 더 가지려는 욕망도 잘못된 것이다. 이는 '어떤 것을 소유했느냐'의 문제가 아니라 '자기 소유물에 얼마나 집착하느냐'의 문제다. 우리 주 그리스도를 따르고자 매일 십자가를 지고 모든 것을 내려놓는 이들은 하늘에 보화를 쌓는다. 그들은 하늘에 많은 것을 쌓아 두기 때문에, 세상에서 필요한 것들이 거의 없다. 수도승에게 탐심이란 엘리사 예언자의 시종인 게하지[1]의 나병, 그리스도를 죽게 한 제자의 대역죄와 천벌, 사도들에게 전 재산을 내놓지 않은 하나니아스와 사피라 부부[2]와 같다. 따라서 무소유 및 세상 사물의 경시야말로 수도승이 맨 처음 성취할 일이다. 두 번째는 마음에서 모든 악을 없애는 것이고, 세 번째는 하느님과 거룩한 것들을 언제나 온전히 사랑하는 것이다. 이것은 세상 모든 것을 끊을 때 이루어진다. 실제로 생명 유지에 꼭 필요

1　열왕기 하권 5장. 엘리사는 이스라엘과 다투던 시리아의 군사령관 나아만의 나병을 완치시켰다. 이에 나아만은 은 10탈렌트(약 342kg)와 금 6천 세켈(약 68.54kg) ― 요즘 시세로 약 40억원 ― 을 내놓았지만, 엘리사는 끝내 사양하고 받지 않았다. 나아만이 별 수 없이 떠나자, 이를 지켜보던 게하지는 나아만을 뒤따라가 은 한 탈렌트를 요구하면서 주인의 지시라고 거짓말을 했다. 나아만은 게하지에게 은 두 탈렌트를 건넸고, 게하지는 이를 자신의 집에 숨겼다. 엘리사는 어디서 오느냐고 물었으나 게하지는 아무 데도 가지 않았다며 은괴 수수 사실을 숨겼다. 이에 엘리사는 나아만의 나병이 게하지에게 옮겨 가 자손대대 나병으로 고통받게 될 것이라 선언했고, 게하지는 나병에 걸리게 된다.

2　사도행전 5장.

한 것은 몇 가지 없거니와, 주님은 단 하나의 음식만 필요하다고 이르셨다. 주님께서 마르타에게 하신 말씀[3]을 하느님의 도우심으로 이해하도록 자신의 영혼과 감각을 정화시키라.

5. 예수님은 당신 제자들에게 교만의 위험성에 대해 말씀하셨다. 그들의 영혼이 교만으로 들떠 있자 "나는 사탄이 번개처럼 하늘에서 떨어지는 것을 보았다"(루카 10,18)고 경고하셨다. 사람들 앞에서 자신의 정당함을 떠벌리는 유대인들에게 "사람들에게 높이 평가되는 것이 하느님 앞에서는 혐오스러운 것"(루카 16,15)이라 하셨다. 이 말씀과 바리사이들의 예를 보면, 그들은 선행을 했으나 지나치게 뽐냈기 때문에 하느님께 받아들여지지 않았다. (반면 세리는 자기 죄를 겸손하게 고백하여 용서받았다.) 교만과 우쭐거림은 모든 선행을 망친다. 그러니 수도승은 허풍을 떨어 자신의 일을 쓸모없이 만들지 말라.

6. 수도승의 정결은 그가 어떤 생각을 하느냐로 판단된다. 주님께서 말씀하신다. "음욕을 품고 여자를 바라보는 자는 누구나 이미 마음으로 그 여자와 간음한 것이다"(마태 5,28). 진지하게 자신을 성찰하라. 주님께 축성받은 수도승으로서 자기 마

---

3 "마르타야, 마르타야! 너는 많은 일을 염려하고 걱정하는구나. 그러나 필요한 것은 한 가지뿐이다. 마리아는 좋은 몫을 선택하였다. 그리고 그것을 빼앗기지 않을 것이다"(루카 10,41-42).

음속에서 가증스러움을 보지 않도록, 성 베드로의 말처럼 자
신의 눈이 정욕과 부정으로 가득 차지 않도록 하라.[4] 몸이 정결
해도 정신이 정결하지 않다면, 무슨 소용이 있겠는가? 하느님
은 영이시고 우리 영혼을 당신 거처로 삼으시는 분이다. 그러
므로 그분이 우리 영혼에서 정결함을 보신다면, 부정한 생각
들과 죄로 인한 모든 오염에서 벗어날 것이다.

7. 수도승에게 식별이 얼마나 필요한가는 많은 이의 잘못과 실
패가 확인시켜 준다. 그들은 식별 없이 자신의 일을 수행하고
지침이 되는 지식도 없이 밀어붙이다가 목표에 닿지 못한다.
제 길을 이탈한 여행자들이 헤맬 수밖에 없듯이, 꼭 필요한 식
별 없이 사는 이들은 무절제한 삶에 빠져들 것이다. 이는 덕행
과 거리가 멀다. 덕행이란 두 극단 사이의 중도이기 때문이다.
식별 과정 중에는 여러 장벽과 함정이 있다. 따라서 우리는 세
상의 이둠에 씌인 인생길을 참된 식별의 빛으로 밝혀 달라고
하느님께 기도해야 한다. 식별은 분리와 구별을 뜻한다. 식별
은 잘못된 것에서 선한 것을, 완전한 것에서 부족한 것을 가려
내게 해 준다…. 하느님은 이것을 구별하도록 우리를 비춰 주
신다. 그리하여 하느님을 두려워한 아벨은 선을 택했으나, 하

---

4 "그들의 눈은 간음할 여자만 찾고 죄에 물리지도 않습니다. 믿음이 확고하지 못한 사람들
을 유혹하고 마음은 탐욕에 젖어 있는 그들, 저주받은 자들입니다"(2베드 2,14).

느님을 잊은 카인은 악을 택했다…. 어떤 것이 선한 것인가? 하느님께서 창조하신 모든 것 속에는 온전하고 오염되지 않는 것이 남아 있다. 사도 바오로는 말한다. "우리는 하느님의 작품입니다. 우리는 선행을 하도록 그리스도 예수님 안에서 창조되었습니다"(에페 2,10). 그것은 선량함, 온전함, 경건함, 올바름, 진실함, 자비로움, 순결함, 건강한 평화, 영적 기쁨이고 성령의 열매와 함께한다. 그 열매를 동반한 모든 것은 선하다. 그 열매를 거스르는 것 안에는 악이 있다. 그것은 모략, 무례함, 불의, 거짓, 탐욕, 증오, 불화, 쓰라림이고 그로부터 다양한 결과가 빚어진다. 선과 악에서 나오는 열매들은 무수하다. 하느님 은총을 입은 우리는 언제든 선으로 직행해야 한다. 잘나갈 때든 어려운 때든 우리는 그분의 도우심을 청해야 한다. 일이 잘 풀린다고 자만에 가득 차서도, 역경에 빠져 있다고 절망에 허우적대서도 안 된다. 참된 식별은 그리스도인의 겸손과 하나로 이어져 있고 온전한 길을 열어 준다…. 우리가 참된 식별의 신적 빛 속을 걸어간다면, "왼쪽으로나 오른쪽으로나 길을 벗어나지 않고"(1사무 6,12) 곧장 나아갈 것이다.

8. 고행은 수도승 규칙 중 가장 중요하다. 성서에는 "생각 없이 마구 행동하지 말라"(집회 32,19)는 구절이 있다. 생각 없이 어떤 일을 해서는 안 되는 것처럼, 모든 일은 조언을 받으며 해야 한

다. 모세는 명한다. "아버지에게 물어보아라. 알려 주리라. 노인들에게 물어보아라. 말해 주리라"(신명 32,7). 마음이 굳어 버린 이들은 다른 이의 말에 귀 기울이기 어렵겠지만, 온유한 사람은 항상 다른 사람의 뜻에 의지할 것이다. 평온한 양심보다 우리 마음에 더 달콤하고 좋은 것은 없다. 자기 판단을 내려놓는 것만큼 양심을 편하게 하는 것도 없다. "비판받는 것보다 비판하는 것이 더 위험하다." 항상 조언을 구하고 그에 따라 행동하는 수도승은 결코 실패하지 않을 것이다. 비록 그가 잘못된 조언을 받아들였다고 해도, 그의 신앙과 순종이 바른 길로 인도하고 보상해 줄 것이다. 그러나 조언을 미심쩍어하고 충동적으로 행동하는 사람은, 다른 이들을 판단하는 것이 허용되었을 때 자기 판단에 걸려 넘어진다. 그 판단이 호의적인 것이라 할지라도, 본인에게 별 이득이 없을 뿐 아니라 그 와중에 제 길에서 벗어났음을 깨닫게 될 것이다. 수도승의 유일한 의무는 순종이지, 자신을 위해 함부로 판단을 남발하는 것이 아니다. 그러므로 수도승은 오만한 자유에서 벗어나 참된 겸손으로 순종하는 것을 익혀야 한다. 그때 그리스도의 멍에는 달콤하고 그리스도의 짐은 가벼우리라. 그리스도의 겸손을 배울 때까지는, 그리스도의 멍에가 달콤하고 그의 짐이 가볍다는 것을 맛보지 못할 것이다. 죄와 고된 노동에 계속 시달려 온 영혼은 겸손 안에서만 쉴 곳을 찾는다. 겸손은 수많은 악 한가

오른쪽 로마 성 베드로 대성당의 골롬반 소성당 내 모자이크 벽화(부분). 이 모자이크는 골롬반이 유럽에 하느님 나라를 전하면서 척박한 지역에 수도원들을 설립했음을 알려 준다.

운데 있는 유일한 정화수다. 교만과 불안이 없는 곳으로 나아가는 그만큼, 휴식과 정화를 가져다주는 겸손 안에 머무를 것이다. 고행은 온순함과 하찮음을 사랑하는 이에게 위로를 준다. 그러나 기억하라. 다른 모든 목적을 제쳐 놓고 자신의 모든 욕구와 모든 열망을 고행에 맞추지 않는 이상, 어느 누구도 이 순교의 자질을 온전히 가지지 못한 것이다. 고행에는 세 요소가 있다. 제 맘대로 생각해선 안 되고, 제멋대로 말해선 안 되며, 제 좋을 대로 돌아다녀선 안 된다. 자신이 받은 명령이 아무리 불쾌하더라도, 장상에게 항상 "내 뜻대로가 아니라 당신 뜻대로 따르겠습니다"라고 말하라. 본보기이신 우리 구원자께서 "나는 내 뜻이 아니라 나를 보내신 분의 뜻을 실천하려고 하늘에서 내려왔기 때문"(요한 6,38)이라고 말씀하셨다.

9. 수도승은 한 사부의 지도를 받으며 여러 형제들과 함께 수도생활을 한다. 사부에게서는 겸손을, 형제들에게서는 인내를 배우기 위해서다. 사부는 침묵을, 형제들은 온순함을 가르쳐 줄 것이다. 수도승은 자기만족에 취해서 일하면 안 된다. 자기 앞에 놓인 것만 먹고, 자기가 받은 옷만 입으며, 자신에게 할당된 일을 하고, 자신이 좋아하지 않는 장상을 따라야 한다. 수도원장을 지도자로서 존중하면서도 아버지로서 사랑해야 한다. 자신이 받은 명령을 유익하다고 확신하면서 말이다. 원로의

말을 비판하지 말라. 수도승의 의무는 주어진 일을 행하는 것
이다. 모세가 "이스라엘아, 조용히 하고 들어라"라고 말했듯이
말이다.

——공동체 규칙서 The Community Rule

『공동체 규칙서』는 골롬반이 설립한 수도 공동체들 가운데 한
공동체를 위해 쓴 것이고, 아마 그 공동체는 수도규칙을 받지 않았
을 것이다. 워커는, 이 규칙의 핵심인 1-9장이 골롬반 친필일 것이
라고 말한다. 이 밖에 짧은 교정본과 첨부 내용이 있는 긴 교정본
은 뤽세유 수도원의 골롬반 계승자들이 덧붙였을 것이다. 앞부분
의 엄격한 규정들이 느슨해진 듯하기 때문이다.

이 규칙은 무엇보다 초기 아일랜드 수도승들의 일상생활에 대
해 자세히 전해 주지만, 체계적이지는 않다.『공동체 규칙서』도 온
전한 수도생활을 위한 규정을 체계화하기보다는 규율을 어겼을
경우의 사례를 모아 놓았다.

『공동체 규칙서』 3-5장은 기도를 하지 않았을 경우, 성물을 함
부로 다룰 경우, 강론을 악용했을 경우에 대해 다루고 있다.

집을 떠날 때 기도를 청하려고 엎드리지 않는 수도승과, 축복

을 받고서 자신의 몸에 성호를 긋지 않고 십자가에서 떠나가는 수도승에게는 편태 열두 대로 바로잡고자 한다.

일을 시작하기 전후에 기도하지 않은 이도 편태 열두 대를 내린다.

집으로 돌아와서 기도를 청하며 엎드리지 않은 이도 편태 열두 대로 바로잡으려 한다.

그러나 은총의 고행을 받을 수 있을 만큼, 이 모든 것과 그 이상을 고백한 형제는 고행의 절반만 해도 된다. 이 중도의 고행a medium penance을 계속하는 그들을 너무 짓누르지 말라.

성무일도를 하는 중에 기침을 해서 틀린 수도승에게는 편태 여섯 대를 내린다.

자신의 치아로 구원의 잔the cup of salvation을 깨무는 이에게도 편태 여섯 대를 내린다.

희생하라는 명령을 따르지 않는 이에게도 편태 여섯 대를 내린다.

예배와 성무일도를 하는 중에 웃는 이에게 편태 여섯 대를 내린다. 큰 소리로 웃었다면, 변명을 들을 필요도 없이 무덤 고행까지 해야 한다.

깨끗하지 않은 손으로 축성된 성체를 받은 이에게 편태 열두 대를 내린다.

미사에 참석할 때까지 성찬례에 사용할 빵과 포도주 만들기를 잊어버린 이에게는 편태 백 대를 내린다.

다른 형제에게 쓸데없는 말을 한 수도승이 즉시 스스로 벌을 내린다면 사과만으로 괜찮지만, 그렇지 않다면 침묵을 지키거나 편태 오십 대를 내린다.

어떤 문제를 일으켰을 때, 온갖 변명을 늘어놓으면서, 즉시 "내 실수예요. 미안합니다"라고 사과하지 않으면 편태 오십 대를 내린다.

해로운 말을 조언인 것처럼 떠벌리는 이에게 편태 오십 대를 내린다.

제대를 치는 이에게도 편태 오십 대를 내린다.

자제하지 않고 쓸데없이 큰 소리로 떠드는 이에게는 침묵을 지키게 하거나 편태 오십 대를 내린다. 용서받으려 사과하는 이도 이에 준하는 고행을 해야 한다.

선배들이 후배들에게 솔직하게 말할 때를 빼고, "그것은 당신이 말한 대로가 아니잖아?"라고 묻는 형제에게 변명하는 이에게는 침묵을 지키거나 편태 오십 대를 내린다.

이런 상황에서 허용되는 유일한 예외는 그가 동등한 입장에서 형제에게 답변하는 경우다. 상대방의 말보다 본인이 진리에 더 가깝다고 생각하는 한에서.

브레겐츠 성 골롬반 성당 안에 있는, 무릎을 꿇고 자비를 구하는 동상

──참회론(참회 규정서)The Penitential of St Columban

아일랜드 참회론들은 인간이 얼마나 죄에 기울어지기 쉬운가를 다양하게 밝히고, 각 죄에 마땅한 고행을 다룬다. 현재 남아 있는 최초의 아일랜드 참회론은 『비니안의 참회론』*The Penitential of Vinnian*이다. 저자인 비니안은 클로나드의 피니안Finnian of Clonard(†549)이거나 모빌의 피니안Finnian of Moville(†579)과 동일 인물이다.

골롬반의 『참회론』은 비니안의 참회론을 염두에 둔 것으로 보인다. 다른 학자들의 의견과 달리, 돔 진 라포르테는 이것이 한 개 문서이지만 세 부분으로 나뉜다고 보았다. 1부는 수도승을 위한 내용, 2부는 세속 사제를 위한 내용, 3부는 평신도를 위한 내용이다. 나중에 덧붙여진 두세 문단을 빼고 골롬반이 전체를 썼다. 집필 시기는 골롬반이 아네그레나 뤽세유에서 지내던 때인 듯하다.

아일랜드 참회론들을 참고한 『참회론』은 오늘날의 시각으로 보아도 엄격하고, 골롬반의 『참회론』 또한 그렇다. 평신도를 다룬 다음 예문을 통해 도둑질, 위증, 폭행, 알코올중독의 죄에 부과한 참회 기간과 엄격함을 확인할 수 있다. 그러나 이전 시대의 공적 파문이라는 집요한 보복적 처벌에 비하면, 참회 기간을 보낸 사람은 성사에 다시 참여할 수 있다는 다소 완화된 입장을 보인다.

어떤 신자가 이웃의 소나 말이나 양이나 다른 동물을 훔쳤을 경우, 그가 거의 초범이라면, 먼저 훔친 것을 이웃에게 되돌려 주어야 한다. 그리고 120일 동안 빵과 물만 먹으면서 속죄하게 하라. 그러나 그가 자주 훔치는 도벽이 있고 손해배상을 할 수 없을 경우에는, 일 년 하고도 120일 동안 속죄하고 다시는 그러지 않겠다고 엄중히 맹세하게 하라. 그는 두 번째 해의 부활절, 즉 이 년 후에나 성찬식에 참여할 수 있다. 또한 자신이 직접 노동해서 첫 벌이 한 것만으로 가난한 이들 구호품을 사고, 참회를 명한 사제를 찾아가 대접하라. 이로써 그가 악습으로 지은 죄를 벗어 버리게 하라.

어떤 신자가 위증을 했다면, 탐욕에 눈이 멀어 거짓 증언을 했다면, 그가 가진 것을 모두 팔아 가난한 이들에게 주고 자신을 온전히 주님께 바치게 하라. 그에게 세상을 등지고 삭발하게 하여 죽을 때까지 수도원에서 하느님께 헌신하게 하라. 그러나 그가 자신의 탐욕 때문이 아니라 살해당할까 두려워 거짓 증언을 했다면, 유배지에서 3년간 몸에 무기를 지니지 않은 채 빵과 물만 먹으며 속죄해야 한다. 포도주와 고기를 먹지 말고 자신을 위한 삶을 살게 하라. 즉 노예나 종으로서 강제 노동 하던 데서 벗어나 자유인으로서 2년간 번 돈을 빈민을 위해 사용하게 하라. 이 기간 동안 고기를 제외한 모든 음식을 법(규정)에 꼭 맞춰 먹게 하라. 그는 7년 후에나 성찬식에 참여할 수 있다.

어떤 신자가 이웃과 싸우다가 피를 흘리게 하거나 상처를 입히거나 불구로 만들어 버렸다면, 그는 자신이 끼친 손상을 되돌려 놓아야 한다. 그가 어떤 식으로든 보상을 하지 않는다면, 일단 이웃의 일을 그에게 대신 시키고, 이웃이 아프면 의사에게 데려가게 하라. 그 이웃이 회복된 후에, 40일간 빵과 물만 먹으면서 속죄하게 하라.

어떤 신자가 술에 취하거나 먹고 마신 것을 토할 경우, 일주일 동안 빵과 물만 먹으면서 속죄하게 하라.

2 편지

골롬반의 편지들은 분명히 더 많았겠지만 사라지고, 현재는 여섯 편만 남아 있다. 다른 편지 한 통은 부활절 논쟁과 관련되어 있다는 이유로 골롬반의 친필 편지로 여겨지지만 그의 편지일 가능성이 희박하다. 『성 골롬반 작품집』 편집자인 워커는 이 편지를 중요하게 보지 않아서 부록으로 수록했다. 그리고 여섯 번째 편지는 형식상 다른 편지글들과 다르고, 필사본 전승 역시 다르다. 공식 주소가 없고, 편지 제목을 보면 권고의 특성이 강하다.

아래 여섯 편지는 골롬반이 쓴 시대별 순서에 따른 것이다.

1. 600년경 교황 대 그레고리우스에게 보낸 편지
2. 603년 샬롱Chalon에서 개최한 프랑스 주교회의에 보낸 편지
3. 604년 새로 선출된 교황 사비니아누스Sabinian에게 보냈거나
   607년 교황 보니파시우스 3세Boniface III에게 보낸 편지

4. 610년 프랑스에서 추방 명령을 기다리며 낭트에 머물 때, 뤽세유 수도원과 이웃 수도원에 사는 수도승들에게 보낸 편지

5. 613년 밀라노에서 교황 보니파시우스 4세에게 보낸 편지

6. 젊은 제자에게 보낸 편지로, 수신자와 날짜는 불명 (이 편지는 골롬반의 비서 역할을 한 도모알이나 카뇨알드에게 610년 쓴 것으로 추정)

부활절 논쟁은 첫 번째, 두 번째, 세 번째 편지에 많이 나오고, 네 번째 편지에는 살짝 언급되어 있다. 골롬반은 다채로운 문체를 구사하여 편지를 썼다. 두운법, 격언과 재담들을 자주 사용하였고, 그리스어에서 온 낯선 표현들도 있다. 이 편지들은 한 편을 제외하고는 모두 길고 장황하기까지 한 곳도 있고, 그의 설교와 유사한 강론 형식을 띠고 있다. 골롬반은 이 라틴어 편지들을 신랄함과 호소력을 번갈아 구사하며 신중하게 썼고, 훌륭한 수사학적 표현과 섬세한 문체를 사용하였다. 편지 내용을 부분적으로 보겠다.

──600년경 교황 대 그레고리우스에게 보낸 편지[5]

우리 아버지 하느님과 우리 주 예수 그리스도의 은총과 평화가

---

5 부활절 논쟁에 대한 교황의 의견을 묻고, 아일랜드식 부활절 기념을 공인해 달라고 요청.

있기를 빕니다.

저는 (온당하다는 생각에) "아버지에게 물어보아라. 알려 주리라. 노인들에게 물어보아라. 말해 주리라"(신명 32,7)는 성서 말씀에 근거하여 성하께 부활절에 대하여 묻고자 합니다. 저처럼 변변찮은 사람이 성하처럼 뛰어난 분에게 편지를 쓸 때면, 어떤 철학자가 매춘부 그림을 보면서 "나는 예술에 감탄하는 것이 아니라 그녀의 뺨을 동경합니다"라고 내뱉은 말에 저 자신의 무가치함을 대입하게 됩니다. 그럼에도 이렇게 성하께 편지를 쓰면서, 성하의 복음적 겸손함을 신뢰하여 위로를 받으며 제가 슬퍼하는 까닭을 전합니다. 장상들에게 글을 써 보낸다고 해도, 필요해서 쓸 때는 필력을 뽐내야 할 이유가 전혀 없을 것입니다.

저는 사목적 규범, 서한, 종합 교리 등 거룩한 내용이 담긴 성하의 책을 읽었습니다. 저는 이런 책이 필요한 이들에게는 꿀보다 달콤하다는 것을 인정합니다. 따라서 저도 성하께서 뛰어난 솜씨로 지으신 『에제키엘서 강해』를 받고 싶습니다. 저는 히에로니무스가 쓴 여섯 권의 책을 읽었지만, 그는 책의 해설을 절반도 달아 놓지 않았습니다. 이 도시에서 성하께서 강의한 중요 내용을 저에게 보내주시기 부탁드립니다. 성하의 책 결론 부분에 자세히 설명해 놓은 것 말입니다. 아가의 "나는 몰약 산으로, 유향 산으로 가리다"(4,6) 구절부터 끝까지 보내 주시기 바랍니다. 이 부분에 대한 다른 이들의 주석이나 성하의 간결한 해석을 부탁드립니다. 즈카르

야가 눈이 먼 까닭을 설명하기 위해 비밀을 털어놓았듯이, 아일랜드에서 온 우리의 무지로 발생한 문제들을 해명할 수 있도록 허락해 주십시오. 제 요청이 급한 일이며 제 질문이 포괄적이라는 것을 모두가 압니다. 그러나 성하는 풍부한 자료를 갖고 계시겠지요. 찾아볼 수 있는 작은 주석서들뿐 아니라 '더 큰 주석서'에 대해서도 잘 아시니까요.

자비심을 가지고 답변해 주시길 원하며, 사태를 설명해 주시기 바랍니다. 분노는 실수를 낳고, 저는 마음속으로 성하를 존경하기 때문입니다. 제 역할은 이의를 제기하고, 질문하고, 요청하는 것이었습니다. 성하의 역할은 스스로 자유롭게 수용한 것을 부정하지 않고, 가르침의 빵을 주는 일이 되기를 바랍니다. 성하와 성하의 일에 평화를 빕니다. 성하께 이렇게 대담한 편지를 올린 저의 무모함을 눈감아 주시길 바랍니다. 우리 주님께 기도하실 때, 한 번이라도 가장 비천한 죄인인 저를 기억해 주십시오.

——603년 프랑스 주교들에게 보낸 편지[6]

커다란 위기가 닥쳤고, 다채로운 풍습과 전통들로 말미암아 교

---

6 부활절 기념일은 아일랜드와 프랑스가 각기 달라도 모두 예수 그리스도 안에서 하나라는 내용.

회의 평화가 흔들리고 있습니다. 제가 말씀드렸듯이 우리가 교만과 질시와 허풍이라는 독을 치료하기 위해 무엇보다 참된 겸손을 힘써 실천한다면, 즉 "나는 마음이 온유하고 겸손하니 내 멍에를 메고 나에게 배워라"(마태 11,29) 하신 말씀처럼 우리 구원자께서 가르쳐 주신 모범을 따른다면, 아무런 잡음 없이 증오를 뿌리 뽑고 온전해져서 모두가 주 예수 그리스도의 제자로서 온 마음으로 서로 사랑하게 될 것입니다. 각 전통마다 부활절을 기념하는 방식이 다양하다면… 프랑스의 전통이 더 올바른지 아니면 아일랜드 교회 전통이 더 올바른지 검토해야 합니다. 제 답변이 담긴 이 책을 주교님들께 보냅니다. 제가 3년 전에 쓴 이 책에서는, 서방의 온 교회들이 수난 시기 전에 부활절이 와서는 안 된다는 것, 곧 춘분이 오기 전에는 부활절이 없다는 것을 숙고하고 있습니다. 서방 교회는 '구약성경의 권위를 배제한 채 신약성경에 따라 성사를 수행할까 봐서' 음력으로 20일이 지날 때까지 기다리지 않습니다. 그러나 이에 대해서는 다른 때에 논의하고자 합니다. 저는 부활절에 관해 서방 교회의 의견이 담긴 책 세 권에 제 견해를 담아 교황님께 알려 드렸고, 주교님들의 거룩한 형제인 아리기우스Arigius에게 동일한 내용을 담은 소책자 한 권을 보냈습니다.

무지하고 오만한 제가 요청하는 바를, 거룩하신 주교님들이 평온함과 관대함으로 용납해 주시길 바랄 뿐입니다. 이 바람은 스스로도 하찮다고 여기는 저의 자존심 때문이 아니라, 허용해야 할 사

오른쪽 브레겐츠에 있는 골롬반 동상. 이 동상은 유럽에서 선교 수도승으로 살면서 하느님의 복음을 전하고, 교회와 정치 지도자의 불의에 맞서면서 올곧은 길을 걸은 골롬반의 생애를 표현하고 있다.

[SA]INT COLOMBAN
LE GRAND MOINE IRLANDAIS
FONDATEUR ET PATRON DE LUXEUIL
540 — 615
APOTRE A L'AME DE FEU
INFATIGABLE MARCHEUR A L'ETOILE
IL RAYONNA COMME UN SOLEIL RADIEUX
SUR TOUT LE HAUT MOYEN-AGE
SA FOI CONQUERANTE, SA VOLONTE DE FER, SON ENERGIE SAINTETE, SON ART DE
METTRE EN VALEUR TOUTES LES RICHESSES DE

안이기 때문입니다. 제가 이 (부활절 기념일의) 다양성을 주도하려는 것이 아닙니다. 이 요청은 우리 모두의 구원자요 주님이신 하느님을 위한 것입니다. 저는 이 땅에 순례자(나그네)로 와 있을 뿐입니다. 그러므로 우리 주님께 의지하여 주교님들께 간청하고, 생사를 주관하실 그분을 통해 바라나니, 많은 이들에게 "내가 진실로 너희에게 말한다. 나는 너희를 알지 못한다"(마태 25,12)고 말씀하실 예수님이 주교님들을 인정하고 있다면, 제가 이 말씀 속에서 침묵하도록 평화와 자비를 내려 주십시오. 또한 지금까지 주교님들과 함께 열두 해를 살도록 허락해 주신 이 땅, 우리 형제 열일곱 명의 시신이 묻힌 이곳에서 앞으로 계속 지내도록 해 주십시오. 이것은 지금까지 우리가 해 온 대로, 마땅히 주교님들을 위해 기도하도록 허락받으려는 것입니다. 갈리아가 우리를 품어 주길 기도합니다. 우리에겐 약속된 하나의 왕국이 있고, 그리스도께서 당신께로 부르신다는 하나의 희망이 있습니다. 만일 우리의 공로가 선하다면 하늘나라도 함께 포용해 줄 것입니다. 그분과 함께 영광을 누릴 수 있도록 우리가 그분과 함께 먼저 고통을 겪는다면 우리는 그분과 함께 다스릴 것입니다.

많은 이들이 장황한 제 글을 허풍으로 볼 수 있겠지요. 그러나 저는 우리가 다투고 있는 논쟁과 사안의 진실에 대해서, 주교님들께 알려 드리는 것이 옳다고 판단했습니다. 우리의 규칙은, 주님과 사도들의 계명이기 때문입니다. 그 계명 안에는 우리의 확신이

들어 있습니다. 그 계명은 우리를 지켜 줄 칼과 방패입니다. 그 계명이 우리를 고국에서 떠나 여기로 오게 했습니다. 조금 허술하지만, 우리는 그 계명을 실천하려 노력하고 있습니다. 우리 선임자들이 그랬듯이 죽을 때까지 계속 그 계명 안에서 살기를 바라고 기도합니다. 그러니 거룩한 아버지들이여, 당신들이 가난한 수도승과 고령의 순례자에게 어찌하는지를 보시기 바랍니다. 주교님들이 그들을 저지하기보다 지지해 주는 것이 바람직하겠지요.

주교들이시여, 비천한 우리가 당신들을 위해 기도하듯이 당신들도 우리를 위해 기도해 주시고, 우리를 당신들과 다른 존재로 보지 마십시오. 우리는 모두 한 몸의 지체이기 때문입니다. 우리가 프랑크인이든 브리튼인이든 아일랜드인이든, 혹은 어떤 인종이든 상관없이 말입니다. 그리하여 우리 모든 인종이 신앙을 알아 가고 하느님의 아들을 알아보면서 기쁨을 누려야 할 것입니다. 우리 모두는 예수 그리스도의 온전한 인간성을 향해 부지런히 나아가야 하겠습니다. 그분 안에서 서로 사랑하고 서로 칭찬해 주고 서로 올바른 길로 이끌고 서로 격려하고 서로를 위해 기도할 때, 그분과 함께 서로 세상을 다스리고 승리하게 될 것입니다. 저의 장황함과 교만함을 용서해 주시기 바랍니다. 누구보다 인내심 많고 거룩하신 주교님들과 형제들에게, 제 분수에 넘치는 글을 올립니다.

우리에게 성하의 입장을 알려 주십시오. 일하고 있는 우리 순례자들에게 달콤한 위로가 될 것입니다. 성하께서는 우리 선임자들이 행해 온 전통이 신앙에 위배되지 않음을 확신하게 될 것입니다. 우리는 성하의 결정을 통해서 순례지에서 선조에게 물려받은 부활절 전례를 수행할 수 있을 것입니다. 우리가 프랑크 교회의 전례 규범을 받아들이지 않는 한, 우리는 고국에 있는 것이나 다름이 없습니다. 우리는 은둔처에 머물면서 아무에게도 해를 끼치지 않고 있습니다. 우리는 선임자들이 지키던 전례 규범을 따릅니다. 이를 변호하기 위해 성하께 편지를 썼고, 성하의 형제로서 우리와 함께 걸어가는 그리스도 안의 주교님들에게도 편지를 썼습니다. 그 편지들을 성하께 맡깁니다. 우리는 이 사태에서 어떤 유익함을 찾아야 할지 판단할 수가 없습니다. 우리의 반대자들이 타당한 이유를 말하기보다는 분노를 터뜨리기 때문입니다. 그러니 우리가 그들과 교회 안에서 평화로운 일치를 이룰 수 있는지, 교황님의 권위로 투표를 요구할 수 있는 적절한 때입니다. 폴리카르푸스Polycarp와 교황 아니케투스Pope Anicetus 같은 교부들은, 참된 자비와 멀어져 신앙을 등진 채로 살지 않으려면, 각자 자신이 전수받은 것

---

7 부활절 기념일을 아일랜드식으로 지낼 수 있도록 공인해 달라는 내용.

을 유지하고 '자신이 부르심 받은 곳에 머물라'고 가르쳤습니다.

그리스도 안에서, 가장 친애하는 교황님께 작별 인사를 올립니다. 성하께서 성인들의 유해 곁에서 거룩한 기도를 바칠 때, 그리고 가장 책임감 있는 결정을 할 때, 우리를 기억해 주십시오. 주교 백오십 명이 참석한 콘스탄티노플 공의회는, "이방 민족들 안에 심긴 하느님의 교회는 자기 선조가 가르쳐 준 대로 자신의 고유한 법을 따라 살아야 한다"고 결정했습니다.

——610년 뤽세유 수도원의 수도승들에게 보낸 편지[8]

내가 가장 친애하는 아탈라, 당신은 물의를 일으켰던 이들을 알고 있겠지요. 그들이 즉시 수도원을 나가도록, 규칙에 따라 평화롭게 해임하십시오. 그러나 리브라누스Libranus 형제는 격려하고 발델레누스Waldelenus 형제는 늘 지지해 주세요. 그가 공동체에 머물러 있는 한, 하느님이 잘 이끌어 주실 것입니다. 그가 겸손해지기를 바라니, 급하게 떠나면서 미처 전하지 못한 저의 입맞춤을 전해 주십시오.

당신은 내가 어떻게 목표를 세워 나갔는지 오랫동안 보아 왔습

---

8 수도원장은 공동체의 일치를 위해 힘쓰고, 수도승들은 평화와 순종으로 하느님 안에 머물라고 당부.

프랑스 뤽세유 수도원. 아일랜드의 수도생활 및 선교 정신을 유럽 대륙에 전한 중심지

니다. 영혼들이 성숙해 가는 모습이 보이면, 그 자리를 지키십시오. 위험과 마주치면, 그곳을 빠져나와야 합니다. 내가 의미하는 위험은 불화를 몰고 오는 것들을 말합니다. 나는 부활절에 대한 불일치가 혹시 악마의 장난은 아닌지 두렵고, 당신이 그곳에 있는 이들과 평화롭게 지내지 못해서 그들이 당신을 추방할까 염려됩니다. 내가 곁에 없는 지금, 당신은 그곳에서 더 궁지에 몰려 있겠지요. 그러므로 '그들이 올바른 교리를 참아 내지 못하는 때'가 언제인지 신중히 고려해야 할 것입니다. 당신과 귀 기울이는 모든 이에게 당부하니, 여러분 가운데 어떤 이도 일치를 깨뜨리지 않길 바랄

뿐입니다. (아탈라) 당신은 평화를 위해 굳세게 노력해야 합니다. 평화의 연대 속에서 영의 일치를 유지하도록 노력하십시오. 몸은 가졌다고 해도 마음을 갖지 못한다면 좋은 것이 무엇이겠습니까?

고백하건대 나는 상심해 있습니다. 그들 모두를 돕고 싶어서 내 의견을 말하자 그들은 아무 이유 없이 나에게 반발했고, 내가 그들에게 신뢰를 보이자 나를 거의 바보로 만들어 버렸습니다. 더 현명하게 처신하십시오. 나를 힘겹게 만든 이 벅찬 과제를 당신들은 짊어지지 않길 바랍니다. 당신은 이미 내 지식이 물 한 방울에 지나지 않음을 알고 있습니다. 당신들은 모든 충고가 누구에게나 적절한 것이 아니라는 사실을 배웠습니다. 천성이란 다양하기 마련이고, 사람들의 개성은 폭넓고도 다채로우니 말입니다. 그렇다면 나는 무엇을 하고 있는 걸까요? 나는 나를 성장시켜 준 커다란 과제를 당신에게 말하려 합니다. 나는 교리의 다양성을 수용하는 지역 안에 머무를 것입니다. 그러니 당신들도 신앙과 사랑으로 순종하게 만드는 이들이 폭넓게 제시하는 것에 자신을 내맡기세요. 그러나 당신들은 그들의 사랑조차도 두려워해야 합니다. 그것이 당신들을 위험에 빠뜨릴 것이기 때문입니다.

나를 위해 준비된 배가 도착했다는군요. 그 배는, 내가 원하지도 않는 고향에 데려다주겠지요. 그러나 도망치려 한다면, 나를 가로막고 지킬 사람은 없습니다. 그들은 내가 탈출하길 바라는 듯합니다. 내가 골롬반의 히브리 이름인 요나처럼 바다에 던져져서 바라 마지않는 땅으로 갈 수 있도록, 고래를 대신한 누군가 나를 안전하게 피신시켜 행복한 항해를 할 수 있게 기도해 주세요.

아직 전할 말이 많지만, 이제 편지를 마쳐야 합니다. 사랑은 질서를 지키는 것이 아니어서인지, 편지 내용에 두서가 없군요. 나는 모든 것을 간단명료하게 말하고 싶었으나, 모든 것을 다룰 수가 없습니다. 나는 당신들의 다양한 바람을 감안하여 쓰고 싶었던 것을 쓰고 싶지 않았습니다. 아마도 내 뜻에는 내 바람이 들어 있겠지요. 모든 것 안에서 하느님의 뜻이 이루어질 것입니다. 그분은 원하시기만 하면, 내 열망을 아실 것입니다. 당신들은 스스로 양심을 성찰하여, 나 없이도 더욱 정결하고 거룩해질 수 있는지 돌아보십시오. 애정에 매여서가 아니라 정말 필요한지 고민한 다음 나를 찾으십시오. 이 사건으로 당신들이 더 비참해지지 않기를 바랍니다. 이 이별을 통해서 자유를 구하지 마십시오. 그것은 당신을 악덕의 노예로 만들 것입니다. 일치를 사랑하는 이가 내 편이고, 분열을 일으키는 자는 내 편이 아닙니다. 주님께서 "나와 함께 모아들이지 않는 자는 흩어 버리는 자다"(마태 12,30)라고 말씀하셨기 때문입니다.

여러분이 이전보다 완덕에서 더 멀어졌고, 운명이 나를 여러분으로부터 멀리 떨어지게 하고, 또 아탈라가 여러분을 지도하기에 부족하다고 느낀다면, 모두 하나로 일치하십시오. 이로써 악마의 악습과 유혹에 더 잘 맞설 수 있게 될 것입니다. 또한 당신들 모두가 뽑은 사람에게 순종하십시오. 내가 여러분을 자유롭게 배려할 수 있고 하느님도 원하신다면, 나는 기꺼이 그럴 것이기 때문입니다. 그러나 만일 지역 사람들이 여러분을 기쁘게 하고 하느님께서 함께하신다면, 그분의 은총으로 천 배 만 배의 수확을 거두게 될 것입니다.

나의 자녀들이여, 내가 하느님을 위해 살 수 있도록 기도해 주세요.

——613년 교황 보니파시우스 4세에게 보낸 편지[9]

고백하건대, 사도좌의 불명예를 비통하게 여기고 있습니다. 저는 이 사태가 제 손을 떠났다는 것을 알고서 곤혹스런 심정으로 고개를 떨굽니다. 신앙의 열정을 보여 주어야 할 때에, 사람들 앞에서 제 얼굴을 들기 위해서는 무엇을 해야 합니까? 저는 하느님과 천사들 앞에 떳떳하지만 하느님을 위해 사람들 앞에서 모욕당하는 것은 칭찬받을 일입니다. 다른 이들이 제 말을 경청하면, 그 이득을 공유하게 될 것입니다. 그러나 제가 무시당하면, 나의 말 역시 무가치하게 될 것입니다.

---

9 교회의 위기 상황, 교황을 향한 부당한 매도에 대해서 복음의 '평화에 대한 사랑'을 강조하고, 삼위일체 하느님과 로마교회 안에서 신앙으로 하나 되길 기원.

프랑스 뤽세유 성 베드로 성당의 골롬반 상. 이 동상은 성 골롬반이 20년간 머물면서 세 수도원을 설립하고 수도생활을 하면서 비윤리적인 지역 주교들과 왕족에 굽히지 않고 바른말을 했던 단호하고 강직한 성품을 표현한다.

저는 친구로서, 제자로서, 또 성하의 걸음을 뒤따르는 한 사람으로서 말하는 것이지, 이방인으로서 말하는 것이 아닙니다. 그러므로 자유롭게 제 의견을 밝힐 것이고, 영적 배를 이끌어 가는 우리 선장과 조종사와 파수꾼들에게 말할 것입니다. "조심하시오. 바다의 태풍이 엄청난 돌풍을 몰고 왔습니다." 위협적인 파도가 아홉 번이나 성난 바다를 휘감아, 멀리까지 곤두박질치고 암벽 틈에서는 소용돌이가 치솟아 올라, 이미 여덟 차례나 태풍을 헤쳐 온 배를 덮치려고 합니다. 아주 위험하고 거대한 폭풍이 되어 사방에서 몰아치고 파도를 일으켜서 영적인 선박을 난파시키려 위협하고 있습니다. "조심하십시오. 교회라는 배 안으로 바닷물이 차올라 위험한 상태입니다."

세상의 변방에서 살아온 우리 아일랜드인은 모두 성 베드로와 바오로의 제자이고, 성령으로 말미암아 성경을 집필한 모든 사도의 제자입니다. 우리는 복음과 사도들의 가르침 말고는 아무것도 받아들이지 않습니다. 우리 중 그 누구도 이단자가 아니고, 유대인도 아니며, 교회 분리론자 역시 아닙니다. 가톨릭 신앙은 거룩한 사도들의 계승자인 교황(들)이 맨 처음 전해 준 대로 계속 이어져 왔습니다.

이러한 신념을 강조하면서, 저는 성하를 이단 지지자요 교회 분리론자라고 모욕하고 매도한 이들에게 대항하기 위해, 성하를 대신하여 확신을 가지고 응답한 것이 헛되지 않도록, 또한 그들이 당황하도록, 성하를 자극하였습니다. 저는 성하를 대신하여 "로마 교회는 가톨릭 신앙을 벗어난 어떤 이단도 옹호하지 않는다"고 선언하였습니다. 이것은 제자들이 스승과 어떻게 공감해 나가는가를 알려 줍니다. 그러니 적극적인 마음과 책임감 있는 귀를 여시어 주제넘지만 피할 도리가 없는 저의 간여를 양해해 주십시오. 제 말 중에 유익하고 정통적인 것은 모두 당신께 되돌아갈 것입니다. 제자들의 가르침이 스승을 보증해 주기 때문입니다. 아들이 지혜롭게 말하면 아버지가 기뻐할 것이고, 성하와 이어진 이들이 신뢰받는 까닭은 성하로 말미암은 것이기 때문입니다. 순수함은 강줄기가 아니라 원천을 돋보이게 합니다. 그러나 성하께서 이 편지나, 아그리피누스Agrippinus를 반박한 제 글에서 과도한 열정이 빚은 현란한 말들을 발견하신다고 해도, 그것은 제 교만이 아니라 제가 올바로 분별하지 못했기 때문임을 말씀드립니다.

만약 제 말이 경건한 귀들을 공격하는 것으로 들린다면, 그렇게 거칠게 쓴 것을 용서해 주시기 바랍니다. 이 사건들의 역사적 중요성이 저에게 모든 것을 탐구하게 하였고, 제 고국의 자유로운 전통 역시 저를 대담해지도록 부추겼습니다. 우리에게 그것은 '네가 누구냐?'의 문제가 아니라 '너는 어떻게 생각하느냐?'의 문제입니다. "한 목소리만 내야 한다" 하고 말하는 이들이 잠시 멈춰 성찰하게 하기 위해서, 저는 오로지 복음서의 평화에 대한 사랑만을 이야기합니다. 저는 성하께서 추구하시는 조화와 평화에 큰 관심을 가지고 있습니다. "한 구성원이 고통스러워한다면, 모든 구성원이 더불어 고통스럽다."

앞서 말씀드린 대로, 우리는 성 베드로의 성좌에 매여 있습니다. 로마교회가 위대해지고 유명해졌다면, 그것은 성 베드로의 성좌 때문입니다. 이탈리아의 영광인 이 도시의 명성은 가장 신성하기에, 지상의 평범한 장소들과는 전혀 다릅니다. 도시가 세워지자 거의 모든 민족에게 큰 기쁨이 되었습니다. 그 이름은 세상 끝까지 울렸고, 전 세계로 널리 퍼져 놀라운 관계를 맺게 해 주었습니다. 그리하여 사방에서 점점 더 강력하게 몰아쳐 오는 바다의 태풍마저도 방해할 수 없었습니다. 하느님의 아들이 사람이 되신 때부터, 로마는 하느님의 영을 받은 가장 열렬한 두 마리 말을 타고 바다를 넘나들며 여러 민족을 방문했습니다. (두 마리 말은 베드로와 바오로 사도를 가리키며, 그들이 남긴 유산은 성하를 축복해 줍니다.) 하느님의 영은 바다를 휘젓고 사람들을 무수히 태울 만큼 그분의 전차를 크게 만들었습니다. 그리하여 최고 전차장(그리스도, 참아버지, 이스라엘 백성의 안내자)은 해협의 격랑과 돌고래의 등과 반복된 폭풍을 헤치고 우리에게까지 찾아왔습니다.

성하께서 위대하고 유명해지자 로마는 더욱 고결해지고 명성이 높아졌습니다. 그리스도의 두 사도로 말미암아 천상 존재와 비슷하게 될 수 있다고 말한다면[저는 성령께서 '하느님의 영광을 이야기하는 하늘들'(시편 19,2)이라 부른 이들에 대해 말하고 있습니다. "그 목소리 온 땅으로 퍼져 나가고 그

보비오 수도원의 골롬반 상. 일흔 살이 넘은 고령이지만 하느님을 위해 아무런 집착이나 미련 없이 선교 여정에 나섰던 골롬반의 자유로운 영혼을 표현한다.

말은 땅 끝까지 전해진다"(로마 10,18)라는 본문이 이들에게 적용됩니다] 로마 또한 세계 교회들의 머리이며, 주님이 부활하신 특별한 장소를 보호하고 있습니다. 따라서 성하의 명예는 존엄한 사도좌만큼이나 위대하기에, 사소한 실수로 성하의 명성을 잃지 않도록 각별히 주의해야 할 것입니다. 성하께서 정한 원칙이 건전한 한에서만, 권위가 성하와 함께 있을 것입니다. 하늘나라 열쇠를 가진 사람은 가치 있는 참된 지식의 문은 열어 주지만 무가치한 것은 닫아 버립니다. 그러나 그가 반대로 한다면, 그는 열 수도 닫을 수도 없게 될 것입니다.

따라서 저와 가장 절친한 이들은 빠른 시일 안에 만나서 의견을 조율하므로, 옛 갈등에 사로잡혀 논쟁하지 않습니다. 오히려 고요 속에서 영원한 침묵과 무심無心에 문제들을 내어 맡깁니다. 어떤 것들이 의심스러워지면, 하느님이 판단하시도록 미루어 둡니다. 사람들이 결정할 수 있는 명백한 것들에 대해서는, 아무 편견 없이 정확하게 성하의 의견을 제시해 주십시오. '성문에서 평화를 가져오는 진실한 재판을' 해 주십시오. 그리고 성하의 평화와 일치로 말미암아 하늘과 땅에 기쁨이 있기를 기원합니다. 성하께서 천지간 어디서든 참된 그리스도인이라면, 가톨릭 신앙 말고 방어할 무엇이 있겠습니까? 저는 그리스도인 두 명이 신앙을 놓고 서로 다투는 것을 이해할 수 없습니다. 정통적 그리스도인이 진심으로 주님을 찬미한다면, 다른 그리스도인은 "아멘" 하고 응답할 것입니다. 그도 비슷하게 사랑하고 믿기 때문입니다. 모든 그리스도인이 하나가 될 수 있도록, 모두가 하나를 말하고 생각하게 해 주십시오.

——610년경 젊은 제자에게 보낸 편지[10]

가장 낮은 지위에 있을 때는 협조자가 되고, 권력을 지니고 있을 때는 가장 낮은 자가 되십시오. 단순한 신앙을 간직한 채 생활 방식을 제대로 배우시오. 본인 일에는 엄격하지만, 다른 형제들 일에 대해서는 신경 쓰지 마십시오. 정직한 우정을 나누고, 속임수에는 빈틈없이 대처하며, 한가로운 시간은 착실하게, 힘겨운 시간은 부드럽게 지내야 합니다. 문제가 없을 때는 유연하게 일을 처리하고, 선택의 순간에는 심사숙고하십시오. 불쾌한 일들 앞에서는 기쁘게 지내고, 즐거운 일들 앞에서는 슬픔을 잊지 마십시오. 필요할 경우 반론을 제기하더라도, 진리 안에서 일치하십시오. 기쁨 안에서 진중하고, 쓰디쓴 일들을 기꺼이 수용하십시오. 시험 앞에서는 당당하고 싸울 때에는 약해지십시오. 분노에는 더디고 배움에는 서두르십시오. 아울러 성 야고보의 말씀처럼, 말하는 데는 느리고 듣는 데는 기민해지십시오. 성숙함을 추구하며 나아가

---

10 바람직한 수도사제의 생활 태도와 영성에 대한 조언.

고, 보복에는 게으르고, 조심스럽게 말하며 열심히 일하십시오. 덕 있는 이들과 사귀고 악당들에 맞서며, 약한 이들에게 친절하고 고집부리는 이들에겐 단호하며, 거만한 이들 앞에서 꿋꿋하고 초라한 이들 앞에서는 겸손하십시오. 정신을 맑게 하고 순결을 지키며 검소하게 지내십시오. 열정과 인내심을 겸비하십시오. 물질적이든 영적이든 탐욕을 멀리하고 늘 너그러운 마음을 지니십시오. 적절한 시기에 단식과 철야 기도를 하고, 분별력 있게 직무를 수행하며 계속 공부하고 소란에 흔들리지 않으며, 고통 중에 기쁨을 찾고 용기 있게 진실을 밝히며, 대립할 때는 신중하십시오. 선에 순종하고 악을 차단하며, 아낌없이 친절을 베풀고 사랑에 지치지 말며 모든 것을 공정하게 대하십시오. 가치 있는 것을 존중하고 가난한 이들을 존경하십시오. 올바른 것에 온 마음을 쏟고, 잘못된 것에는 마음을 쓰지 마십시오. 서투른 사람의 연인이 되고, 부자가 되려 하지 마십시오. 흥분된 감정을 가라앉히고 솔직한 마음을 털어놓으십시오. 장상을 존중하고 후배와 발을 맞추며 동료와는 평등하게 지내면서 완벽함을 다투십시오. 윗사람들을 부러워하지 말고, 당신보다 앞서가는 이들로 인해 속상해하거나 당신보다 뒤처져 있는 이들을 비난하지 말며, 당신을 재촉하는 이들에게 응해 주십시오. 지쳤어도 포기하지 마십시오. 열정과 희망이 빚어내는 순간의 희로애락을 느끼십시오. 결정된 일을 추진하면서 항상 그 끝을 염두에 두어야 합니다.

3 설교

워커는 현존하는 열다섯 편의 설교문 중에서 열세 편은 골롬반의
친필이라고 주장하지만, 다른 두 작품은 불확실하다고 여긴다. 라
포르테는 성 골롬반이 지은 미완성 설교문 단편들이 있다고 주장
한다. 그러나 두 독일 학자 호크Hauck와 제바스Seebass는 열세 편의
설교문 상당 부분을 골롬반이 직접 썼다는 주장에 의심을 품는다.
당연하게도 워커는 그 의견에 동의하지 않는다. 워커는 골롬반이
쓴 다른 작품들의 몇 가지 내용이 설교문들에 나오고, 설교문에 들
어 있는 성서 구절들과 그의 다른 작품들 사이에 유사점이 있다고
말한다. 한편 더 최근에 슈미트Smit는 자세한 설명은 붙이지도 않
은 채, 골롬반을 설교문의 저자로 보기 어렵다고 주장하였다.

워커는 열세 편의 설교문 형식 전체가 통일되어 있고, 골롬반
이 613년 밀라노에서 행한 설교라고 주장한다. 이는 첫 번째 설교
문이 삼위일체 교리에 집중하는 이유를 설명해 준다. 삼위일체 교

리는 당시 아리우스 논쟁의 핵심 쟁점 중 하나였다. 골롬반은 편지에 쓴 것과 유사한 수사학적 표현 방식을 설교문에 사용했으나, 그 표현이 미칠 파장을 고려하였다. 동일한 사상이 여러 설교문에 나오기 때문에, 독자에게 골롬반의 설교를 소개하는 데에는 몇 개 발췌문 만으로도 충분할 것이다. 여기서는 다섯 번째 설교 전문과, 다른 두 설교문의 몇 개 문단을 발췌하여 소개한다. 이 세 글에는 골롬반이 설교한 교리 해설, 도덕적 권고, 신비적 기도가 나온다.

──설교 1: 신앙에 대하여

하느님은 어떤 분이신가요? 그분은 성부, 성자, 성령이시지만, 한 분 하느님이십니다. 하느님에 관해 더 찾으려 하지 마십시오. 그 엄청난 깊이를 알고자 하는 이들은 먼저 사물의 본성을 연구해야 합니다. 삼위일체에 관한 지식은 바다의 깊이에 비교됩니다. 현자의 말씀대로 "그 엄청난 깊이를 어느 누가 알아내겠습니까?" 따라서 깊은 바닷속을 알고 싶다면 보이는 바다를 먼저 탐색해야 합니다. 바닷속에 사는 피조물에 대해 거의 모른다는 사실을 알면 알수록, 그들을 창조하신 분의 깊이는 더더욱 모른다는 것을 더 많이 깨닫게 됩니다. 피조물보다 창조주께 감히 더 다가가지 못하는 것은 당연하고도 마땅한 일입니다. 어느 누구도 낮은 단계의 것을 먼저 탐구하지 않고서는 높은 단계의 것을 탐구할 능력을 갖출 수 없기 때문입니다. 낮은 단계를 확신하지 못하는 사람이 어떻게 높은 단계를 신뢰할 수 있겠습니까? 나는 묻습니다. 땅에 속한 것을 모르는 자가 어찌 하늘에 속한 것을 탐구하겠습니까?

사도께서 말씀하시길, 쓸데없는 말을 하는 이들은 "자신이 무슨 말을 하는지 모르고, 자신이 확신하며 말하는 것이 무엇인지도 모릅니다!" 진실로 많은 이들이 빈약한 날개로 높은 곳까지 날아오르려고 (처절하게) 힘을 쓰면서 고개를 들어 하늘을 쳐다봅니다. 그들은 미리 모여서 (전부는 아니어도 최소한 조금만이라도) 의논하지 않은 채, 위대한 심연에 닿은 것을 맨 처음 가르치겠다고 더럽고 불순한 마음과 입술로 나섭니다! 삼위일체 하느님은 말이 아닌 신앙으로 알 수 있음을, 그들은 헤아리지 못합니다. 그분은 순결한 가슴이 품은 경건한 신앙으로 이해되는 분이지, 더러운 입이 내뱉는 말로 이해되는 분이 아닙니다. 그러니 위대하신 삼위일체는 경건하게 믿어야 할 분이지, 격렬하게 토론할 대상이 아닙니다. 한 분이시며 세 위격을 지니신 하느님은 꿰뚫거나 개척할 수 없는 대양이시기 때문입니다. 하늘은 높고 땅은 넓으며 바다는 깊고 세월은 길게 흐르지만, 그보다 더 높고 더 넓고 더 깊고 더 긴 것이 그분이십니다. 자연을 통해 당신을 드러내 보이시려, 그분은 무로부터 자연을 창조하셨습니다.

——설교 5: 인간 생명에 대하여

아, 인간의 생명은 연약하고 유한합니다. 당신은 얼마나 자주 사기를 쳤습니까! 얼마나 자주 거짓말을 지껄였습니까! 얼마나 자주 눈멀게 했습니까! 당신이 날아다닌다 한들, 아무것도 아닙니다. 눈에 보이는 존재라 해도, 당신은 하나의 그림자일 뿐입니다. 당신은 매일 떠나고 매일 시작합니다. 오면서 가고, 가면서 옵니다. 시작 때 그랬듯이 끝마칠 때 불공평하고, 죽어 갈 때 그러하듯 기쁨 속에서도 불공평합니다. 어리석은 이들에게는 달콤하고, 지혜로운 이들에게는 신랄합니다. 당신을 사랑하는 이들은 당신을 모르고, 당신을 멸시하는 이들이야말로 진정 당신을 이해합니다. 따라서 당신은 진실이 아닌 허위로 존재합니다. 당신은 자신을 진실인 양 치장하지만, 자신의 거짓됨을 증명하고 있습니다.

그렇다면 당신이라는 인간 생명은 무엇인가요? 당신은 유한한 존재들이 지나쳐 가는 길일 뿐, 죄로 시작되어 죽음으로 끝나는 유한한 존재의 생명이 아닙니다. 원죄가 당신을 무너뜨리지 않았다면, 참된 삶을 살아왔겠지요. 허나 당신은 연약하고 유한하며 죽음을 향한 모든 여정을 지켜보았습니다. 따라서 인간인 당신은 생명을 향해 난 길일 뿐, 생명 자체는 아닙니다. 당신 자신은 하나의 구체적인 길이지만, 한결같지 않습니다. 어떤 이에겐 길고 다른 이에겐 짧으며, 어떤 사람에겐 넓고 다른 사람에겐 좁습니다.

어떤 이에게는 흥겹고 어떤 이에게는 슬픈 길입니다. 모든 이에게 그 길은 덧없고 돌이킬 수도 없는 것입니다. 하나의 길이 곧 당신 자신입니다. 그러나 하나의 길인 당신을 모두가 아는 것은 아닙니다. 많은 이들이 당신을 보겠지만, 소수만이 당신을 하나의 길로 이해합니다. 당신은 아주 교활한 반면 몹시 매혹적이기 때문에, 몇 사람만이 당신을 하나의 길로 볼 것입니다. 그리하여 당신은 심문당하고 의심받다가 보석으로 풀려나겠지요. 당신은, 가로지를 수는 있지만 머물러 있지는 못하는 비참한 인간 생명입니다. 모든 이는 길을 지나갈 뿐, 그 위에서 살지 않습니다. 길 위를 걸어가는 사람들은 본향에 가서야 살 수 있기 때문입니다.

그렇다면 왜 당신을 담은 유한한 생명은, 어리석고 타락한 이들한테는 사랑과 보호를 받으면서 지혜로운 이들한테는 멸시를 당하나요? 왜 구원받을 이들은 당신을 경계하는 걸까요? 당신은 두려워하고 주의해야 합니다. 인간 생명인 당신은 참으로 교활하고 몹시 불안정하며 상당히 위태롭고 극히 결핍되어 있으며 아주 애매모호해서, 하나의 그림자나 신기루나 구름처럼 사라져 버릴 무無이거나 공空입니다. 당신은 무이자 유한한 생명이며, 하나의 길이자 환영일 뿐입니다. 당신은 변덕스럽게 흘러가 버리는 구름이고, 희미하고 나약하며, 한낱 꿈과 같은 그림자에 불과합니다. 우리는 당신과 함께 가슴을 졸이며 매우 조심스럽고 기민하게 여행을 해야 합니다. 그러므로, 과거를 확신하면서도 남겨진 것을

선교하는 골롬반과 동료들. 로마 성 베드로 대성당 내 골롬반 소성당 제대 뒷면 모자이크(부분)

걱정하는 모든 지성인은 자신의 참본향을 향해 떠나는 여행자처럼 서둘러야 합니다.

남겨진 것을 순조롭게 벗어 버리지 않는 한, 이미 올랐던 높이까지 오른들 아무 이득도 없습니다. 왜냐하면 우리는 이 세상 삶을 하나의 여정이자 상승으로 여겨야 하기 때문입니다. 올라가는 중에 우리의 본향에 무엇이 있을까 두리번거리지 마십시오. 우리는 길을 가면서 방심하다가 참된 본향에 닿지 못하는 경우가 생기지 않도록 조심해야 합니다.

어떤 이는 정말로 이 여정에 무신경하여, 여행 중인데 마치 집에 있는 것처럼 처신합니다. 그들은 잃어버린 본향을 향해서 마지못해 출발합니다. 길 위의 자기 집에서 지쳐 버린 그들의 짧은 생애는 영원한 죽음을 맞이하게 됩니다. 불행한 인간인 그들은 자신의 실망스런 거래에 빠져서 썩기 쉬운 사물에 집착하고 영원한 가치를 무시해 버립니다. 세상의 사물들이 엄청난 쾌락을 주고 상당한 매력을 풍기며 현란한 빛을 뿜어 내더라도, 우리의 영원한 가치를 잃어버리지 않도록 세속적 가치를 피해야 합니다. 영원히 살아 계시며 다스리시는 주 예수 그리스도의 선물을 우리가 물려받을 수 있도록 타인들의 가치와 관련해서도 신의를 지키십시오. 아멘.

──설교 12: 참회에 대하여

　주님, 당신 아들이신 예수 그리스도의 이름으로 기도합니다. 하느님의 자비는 끊임이 없으니, 저의 등불이 꺼지지 않고 언제나 켜져 있어서 저를 위해 타오르고 다른 이들을 비출 수 있도록, 저에게 시들지 않는 사랑을 허락하소서. 가장 달콤하신 우리 구원자 그리스도여, 우리의 등불을 밝혀 주시어 당신 성전에서 항상 빛나게 하시고 끊임없이 당신의 빛을 받게 하소서. 그리하여 우리의 어둠을 밝히고 우리에게서 세상의 어둠을 몰아내소서. 나의 예수님, 제 등불에 당신의 빛을 나누어 주십시오. 그 밝은 빛이 저에게 가장 거룩하신 분을 드러내고, 영원한 사제이신 당신이 위대한 당신 성전으로 들어가는 그곳에서, 제가 오직 당신만을 응시하고 당신만을 열망할 수 있도록 기도드립니다.

　사랑의 구원자여, 당신께 간구하오니, 당신을 앎으로써 우리가 당신께 사랑을 드리고, 밤낮으로 오직 당신만을 사랑하고 당신만을 열망하며 당신만을 관상하여, 항상 당신께 온전히 마음을 두고 살아갈 수 있도록, 당신을 찾는 우리에게 당신을 보여 주소서. 당신이 주시는 크나큰 애정과 애착으로 당신을 향한 사랑을 북돋우게 하소서. 당신을 향한 애정이 우리 가슴속에 스며들게 하소서. 당신에 대한 애착이 우리 모두를 사로잡게 하소서. 당신에 대한 사랑이 우리의 모든 감각을 채우게 하소서. 영원하신 당신의 사랑 말고는 다른 사랑을 모르게 하소서. "큰물도 사랑을 끌 수 없듯이"(아가 8,7) 그 사랑은 너무도 위대하여 하늘과 땅과 바다의 수많은 물로도 끄지 못할 것입니다. 아주 조금이나마 당신 은총으로 우리도 사랑을 이루게 해 주소서. 우리 주 예수 그리스도의 영광이 영원하시길 빕니다. 아멘.

4 시

골롬반이 지었다고 알려진 시는 여섯 편이다. 워커는 이 가운데서
다섯 편을 골롬반 작품이라고 보지만, 여성에 대한 짧은 풍자를 담
은 시는 골롬반의 작품인지 의심한다. 시 작품들의 길이는 다양하
다. 후날두스에게 보낸 시는 17행으로 짧은 편이나, 피돌리우스에
게 (마지막 인사까지 덧붙여) 보낸 매력적인 시는 160행이다. 이
시들은 한결같이 강한 교훈적 내용을 담고 있고, 생의 무상함과 세
속적인 깃들의 무익함이라는 전형적인 주제를 전한다. 후날두스,
세투스, 피돌리우스에게 보낸 세 편의 시는 동일한 필사본 전승에
속하고, 현재 베를린에 있는 8세기 말에 쓰인 필사본은 시인의 이
름이 골롬바누스Columbanus라고 전해 준다.「세상의 무상함에 대하
여」De Mundi Transitu의 작가가 골롬반이라는 증거는 미약하고, 이 시
는 9세기나 10세기의 취리히 필사본에 나오며 후대에 누군가 골
롬반의 이름을 여백에 덧붙였다.「뱃노래」Carmen Navale는 10세기

라이덴Leyden 필사본에만 나오고, 작가 이름은 앞부분이 지워져 '…바누스'로 표기되어 있다.

이런 이유로, 시의 일부 내지는 시 전체의 작가가 골롬반이라는 사실이 종종 의심받는다 하더라도 놀랄 일이 아니다. 가장 최근에 진지하게 반론을 제기한 이는 독일 학자인 슈미트J.W. Smit다. 그의 주된 입장은 다음과 같다. "산문 편지의 저술가는 언제나 자신의 이름을 골롬바Columba로 적은 반면, 후날두스와 세투스에게 보낸 편지의 작가는 자기 이름을 골롬바누스Columbanus라고 적었다."

골롬반의 시 작품에는 그가 쓴 편지들 내용과는 사뭇 다르게도 고전 시 일부가 직접 인용되어 있다. 슈미트의 주장에 따르면, 고전 작가들의 영향이 반영된 부분은 모두 교부들, 특히 성 히에로니무스에게서 온 것이다.

시 곳곳에 나오는 고전적 운율은 아일랜드인으로서는 골롬반이 처음 사용한 것으로, 이전 아일랜드 시에는 나오지 않는다.

슈미트는 시를 하나하나 언급하면서, 다음과 같이 지적한다. "후날두스는 8세기에나 등장하는 게르만계 이름이다. 세투스는 9세기 아랍계 이름에서 왔을 것이다. 「세상의 무상함에 대하여」에 나오는 압운은 7세기 것으로 보인다. 각 행 첫 글자나 끝 글자를 연결하여 말을 만드는 시는 6세기에는 거의 없었고, 8~9세기에야 일반적이었다. 피돌리우스에게 보낸 시에 나오는 단어들은 9세기 앨퀸Alcuin이 사용한 것이다. 「뱃노래」 작가인 '…바누스'는 골롬바누스와 다른 사람으로 볼 수 있다."

따라서 슈미트는 이 모든 시의 작가가 골롬반이 아니라고 본다. 후날두스, 세투스, 피돌리우스에게 보낸 세 편의 시는, 슈미트의 관점에 따르면 9세기 후반 유럽 대륙에서 살던 골롬반이라는 동명이인의 아일랜드인이 쓴 것이다. 골롬반의 시 작품은 6세기까지 거슬러 가기에 초기 아일랜드 학파들이 고전문학을 사용했다는 분명한 증거로 보였다. 그러므로 슈미트의 이론은 이러한 관점에 심각한 영향을 끼친다.

『라토무스』*Latomus* 31권(1972), 896-901쪽에 슈미트의 책에 대한 학문적 비평이 나온다. 여기서 루드비히 빌러Ludwig Bieler 교수는 슈미트의 주장에 모호한 점이 몇 가지 있다고 지적한다. 골롬반이 쓴 산문에 고전작품 직접 인용문이 없는 까닭을, 슈미트는 글의 형식과 목적이 다르기 때문이라고, 곧 긴요한 개인 문제 및 절박한 교회 문제에 대해 썼기 때문이라고 한다. 그렇지만 그 산문들에는 교훈시들처럼 '옛 지혜'가 나오지 않는다. 골롬반이 '골롬바'로도 알려졌다는 요나의 진술과, 요나가 두 이름을 구별하지 않고 자유롭게 사용했다는 것을 받아들인다면, 이름에만 의지하여 골롬반이 시의 진짜 작가가 아니라는 슈미트의 주장은 증거가 빈약하다. 빌러 교수는, 슈미트의 책에 분명히 주목해 볼 내용이 있지만 그의 논지는 증명되지 않았다고 평가한다.

슈미트의 책은 골롬반의 저술들, 특별히 그가 썼다고 추정되는 시 작품과 관련해 많은 논란을 불러일으킨다. 여러 의견 중에서 납득할 만한 관점이 나올 때까지, 이 문제들을 염두에 두어야 할 것이다. 이는 골롬반이 시의 저자라는 것을 (뚜렷한 반대 증거가 나오지 않는 한) 당분간 받아들인다는 의미다. 이제 골롬반의 시 작품을 보자. 특히 두 번째 시는 다른 작품보다 슈미트가 덜 반론을 제기한 작품이다.

—— 후날두스에게 (골롬반과 후날두스 이름 연작시)

워커에 따르면 후날두스는 골롬반이 가르친 학생 중 하나로, 뱅거 수도원 학교를 다녔을 것이다. 이 시는 골롬반이 아일랜드를 떠나기 전 젊은 시절에 쓴 것으로 추정된다. 당시 골롬반은 교사의 의무를 다하면서 라틴어 연구에 몰두했을 것이고, 라틴 시의 영향을 이 시의 여러 구절에서 찾아볼 수 있다. 호라티우스Horace(로마의 시인)를 직접 인용한 부분, 프루덴티우스Prudentius(스페인계 로마 그리스도교 시인)를 인용한 부분, 유벤쿠스Juvencus(스페인계 라틴 시인)를 인용한 부분이다. 골롬반의 또 다른 시 작품인 「세투스에게」Ad Sethum 와 「세상의 무상함에 대하여」De Mundi Transitu 역시 그가 아일랜드에서 지내던 시기에 썼다고 본다. 워커는 이 가운데 두 번째 시는 리듬으로 보아 노래를 부르기 위한 것이었으리라고 주장한다.

젊은 골롬반을 생각하며 그린 이콘. 성 골롬반 외방선교수녀회 총본부 소장. 성인이 들고 있는 책의 글은 "우리를 그리스도 안에 속하게 하시고, 우리 자신에게는 속하지 말게 하소서"라는 뜻으로, 성인의 좌우명이다.

「후날두스에게」라는 시는 이름을 가지고 쓴 시다. 이름 철자 'Columbanus Hunaldo'를 순서대로 각 행의 머리글자로 가져와서 시를 지었다. 아일랜드 게일어로 시를 쓴 시인들 사이에서는 18세기까지 유행한 문학 표현 방식이다. 성 골롬반이 '골롬바누스'Columbanus라는 이름을 자기 작품에 사용할 때는 두 가지 경우 중 하나다. 그는 산문 서간을 쓸 때는 언제나 '골롬바'Columba를 사용했고, 그 이름 뜻(=비둘기)을 가지고 가끔 놀았다.

골롬반 작품에 일반적으로 나오는 내용이 이 시에서도 강조되어 있다. 삶의 덧없음, 세속적 영광의 헛됨, 영원에 대한 몰입이 그것이다.

수많은 모습으로 생명의 계절이 스러지는 사이
모든 계절이 흘러 열두 달 한 해를 완성하고
매 순간 비틀대는 나이에 다가가는구나.

영원한 생명으로 들어갈 수 있도록
세상 삶의 달콤한 거짓을 당장 거절하라
약한 욕정이라도 굳건했던 덕을 뒤엎을 수 있으니.

욕망과 탐욕에 눈먼 가슴은 냉정하지 못하고
게으른 정신은 건강이나 신경 쓰지만

금은 은보다 귀하고 덕은 금보다 귀하니
최상의 평화는 그에 필요한 것을 찾는 일뿐.

이 변변찮은 시를 당신에게 보내니 자주 읽고서
당신 귀에 내 말을 담아 두어
누군가 당신을 단숨에 유혹해도 넘어가지 말고
왕과 군주의 권력이 얼마나 덧없는지 지켜보라.

유한한 인생의 명예는 속절없이 사라지니
내 말이 과했다면 너그럽게 봐주고
지나친 것은 무엇이든 경계하기를!

—— 뱃노래

이 시는 골롬반 작품으로 알려진 시들 중 가장 유명하며, 당연히 많은 시집에 수록되어 있다. 시에 '라인'이라는 단어가 나온다는 것은, 골롬반이 이 시를 610년 라인 강을 여행하는 동안 썼고 동료 수도승들이 물길을 거슬러 배를 노 저어 갈 때 정말로 이 시를 합창했으리라 추측하게 해 준다.

이 시는 24행의 각운 시다. 셋째 행마다 후렴구가 반복되고, 시

중반에 후렴구가 바뀐다. 영어식으로 노 젓기를 표현하고자, 각 행을 다소 짧게 줄였다. 라틴 시에 나오는 단어를 종종 생략했다는 뜻이다. 그러나 본래 시의 강약과 운율을 담아내려 노력하였다.

두 갈래 라인 강변 작은 울림이
숲속을 헤치고 바다에 닿게
노 저어라, 젊은이여, 그 소리 울리도록

폭풍이 몰아치고 태풍이 와도
사내의 강한 힘이 승리하리니
노 저어라, 젊은이여, 그 소리 울리도록

먹구름과 돌풍은 지나쳐 가고
마침내 멋진 승리 찾아오리니
노 저어라, 젊은이여, 그 소리 울리도록

천하가 평온하니 굳게 견뎌라!
태풍 속에 널 보낸 분 파도를 재우네
노 저어라, 젊은이여, 그 소리 울리도록

사탄은 머릿속을 헝클어 놓고

유혹당한 영혼을 죽이려 하니
그리스도 기억하며 노래 불러라.

사탄의 꼬임에 정신 차리고
보호히리, 자신을 덕행에 맡겨
그리스도 기억하며 노래 불러라.

강인한 믿음이 승리하리니
노회한 적의 창은 헛손질뿐
그리스도 기억하며 노래 불러라.

덕의 왕이 포상을 약속하시니
그분은 승리자 심판자라네
그리스도 기억하며 노래 불러라.

저자는 이 시를 다소 가벼운 기분으로 썼으나 전체적으로는 진한 매력을 풍기고 있다. 경쾌하고 수려한 운율이 이 시에 유쾌함과 우아함을 부여한다. 이것 때문에 한 비평가는 골롬반의 성격과 너무나 달라서, 이 시의 저자가 아니라고 보았다. 그러나 시 내용은 진지하다. 재물이 악마의 소산이라는 것은 고전 신화에서 빌려 온 것으로 보인다. 대부분은 호라티우스Horace의 『송시』*Odes III*에서 가져온 것이고, 베르길리우스Virgil와 오비디우스Ovid도 인용하였다. 피돌리우스가 누군지는 분명치 않다. 세둘리우스(Sedulius = Siadal)라는 이름에서 유추할 때, 피아달Fiadal이라는 아일랜드인일 수 있다.

159개의 수려한 행이 이어진 후에, 시는 여섯 행의 후렴으로 끝난다. 이 중 한 행에는 작가 나이가 나와서 해석상 많은 논쟁을 일으켰지만, 작가가 노인임을 알려 준다. 워커는 이 시가 613년 밀라노에서 지어졌고, 골롬반의 가장 뛰어난 문학적 성취가 담겨 있다고 높이 치하한다. "진지한 내용임에도, 이 시는 아주 유쾌하다.

6세기 저술 가운데 탁월한 작품이다. 문학적 관점에서 골롬반의
작품 중 백미다…. 500년 동안 나온 라틴 시들 가운데 이 정도로
뛰어난 시는 거의 찾아보기 어렵다. 호라티우스의 노래가 포 계곡
으로 망명한 아일랜드인 입술에서 다시 흘러나온 듯하다.”

여기서는 이 시의 처음 몇 행과 수려한 끝부분만 소개한다.

당신을 기쁘게 하기 위한 선물들
두 발로 쓴
여분의 시를
기쁘게 받아 주십시오.

한 줄 답장을
내게 보내 주시면
나는 또 그 빚을 갚을 것입니다.
마치 여름날
고지에 남풍이 불어
소나기가 메마른 땅에
기쁨을 뿌려 주듯이.

당신 편지는 바로 그렇게
마침내 한 줄기로 찾아와서

내 마음을 기쁨으로 차오르게 할 것입니다.
내겐 어떤 값진 선물도 필요 없고
그런 선물은 받지도 않으렵니다.
구두쇠는 금을 쌓아 두어도
여전히 가난뱅이일 뿐이죠.

금은 지혜로운 이를 눈멀게 하는
불화살 같아서
타락한 가슴을
태워 버립니다.

당신을 차지한 그리스도는
창조주시고
전능하신 하느님의
외아들이시니.

그분은 당신에게
가장 진한 생의 기쁨을 주시고
높은 데 계신 아버지의 이름으로
모든 것을 영원히
다스리실 것입니다.

제3부 우리에게 남겨진 것

보비오 수도원 골롬반 상

1 골롬반이 활동한 곳

어떤 기준에서 보더라도 1400년이라는 시간 차는 고대의 한 인물을 생생히 기억해 내기 어렵게 만든다. 오늘날 성 골롬반의 발자취를 찾으려 한다면, 가장 먼저 골롬반이라는 이름과 연관된 두 군데 중요 대수도원이 있는 뤽세유와 보비오가 떠오를 것이다. 그러나 골롬반과 연관된 다소 덜 중요한 곳도 그냥 넘어갈 수 없다. 왕들 및 지역 주교들과 그렇게 대대적으로 맞대결하지 않았다면, 골롬반의 무덤은 브레겐츠에 마련되었을 것이다. 장크트갈렌에서는 스승인 골롬반을 기억하는 제자들의 공경이 여전히 계속되고 있고, 프랑스와 이탈리아의 많은 지역 명칭에도 골롬반이라는 이름이 남아 있다.

'순례'는 여러 해 동안 이루어졌으며, 순례지는 유럽 지도에 골롬반의 이름이 나오는 곳이다. 골롬반의 발자취를 쫓아서 방문했던 지역을 돌아본다.

—— 뤽세유

공식 명칭 '뤽세유 레 뱅'Luxeuil-les-Bains은 과거에 여러 지역에
서 이어진 철로를 통해 쉽게 방문할 수 있다. (1926년 경당으로 정
해진) 현 성 베드로와 바오로 경당은 그 전에는 수도원 성당이었
고, 성 골롬반의 첫 교회가 세워진 곳에 있다. 현 교회는 이 위치에
네 번째로 지어진 것으로, 1330년 수도원장 외드 드 샤랑통Eudes de
Charenton 때 완공되었고 축성식은 1340년 12월 7일이었다. 불가피
하게도 이 경당은 그 후 수차례 보수공사를 거쳤으며, 6세기 이후
의 고딕 건축 형태를 띠고 있다. 남쪽 통로에 있는 현관과 창문은
더 이전 시대 교회의 로마네스크 양식을 띠고 있다.

이 건물 외관에서 특별히 눈에 띄는 것은 없다. 이웃 건물들과
가까이 연결되어 있기에 외부에서 교회 건축물만 볼 수 있는 전망
을 갖기는 어렵다. 이전의 정문은 16세기에 세운 대수도원 공관
때문에 막혀 버려서, 현 교회 입구는 양쪽으로 나 있다. 현 대수도
원 공관의 일부는 사제관으로 사용 중이고, 일부는 지방자치단체
사무실로 쓰이고 있다.

그러나, 교회 내부는 장엄하고 길어서 방문자들에게 깊은 인
상을 준다. 19세기에 제작된 애프스(건물이나 방에 딸린 반원 내지 다각형 내
부 공간)의 스테인드글라스에는 성 골롬반의 생애와 '뤽세유의 성인
마흔 명'이 묘사되어 있다. 애프스의 왼쪽 스테인드글라스에서부

터 차례로 성 골롬반이 동료들에게 자신이 만든 규칙을 가르치는
장면, 곡식이 기적적으로 늘어나는 장면, 성 루아St Lua가 골롬반
을 따르는 장면, 야생동물을 길들이는 장면이 이어져 있다. 다섯
번째는 젊은 골롬반이 새들과 이야기하는 장면이고, 열한 번째는
갈Gall이 숲 한복판에 있는 그의 은둔처에서 기도하는 장면이며,
열세 번째는 데이콜라Deicola가 교황 칙서를 받는 장면이다. 북쪽
성 베드로 경당 안 중간의 좌우 공간에는 과거에 성 골롬반의 유품
을 보관했던 고대식 나무 성물함이 있다.

　교회 입구에서 멀지 않은 곳에는 클로드 그랑주Claude Grange가
1947년 제작한 인상적인 성 골롬반 조각상이 있다. 작가는 이 조
각상 모형을 1935년 파리 미술 전람회Paris Salon에 전시했고 명예
훈장the Medal of Honour을 수상했다. 성 골롬반이 테오데릭 왕의 부
도덕성을 비난하며 화를 내는 장면도 있다. 이 조각상은 강력한 힘
과 사실성, 생동감과 역사적 정확성을 담고 있다. 성인은 염색하
지 않은 거친 모직 웃옷에 망토를 걸치고, 머리는 아일랜드식으로
삭발하였으며 어깨에는 책가방을 느슨하게 엇갈려 메고 왼손에
는 지팡이를 들고 있다. 성 골롬반 이름을 새긴 종과 그의 입상을
1947년 7월 6일에 축성한 후 공개하고, 1950년 7월 23일 교황 요
한 23세의 주례로 제막식을 거행하였다. 당시 그 자리에는 아일랜
드 수상 숀 맥브라이드Seán MacBride 등 2만 명이 넘는 사람들이 참
석하였다.

프랑스 뤽세유 성 베드로 성당과 골롬반 동상

 그리스도를 위한 나그네

수도원의 옛 회랑은 상당 부분이 보존되어 있고, 주로 15세기 건축의 훌륭한 전형을 보여 준다. 중세 수도원의 출입구와 창문과 지하도들도 남아 있다. 그러나 현재 수도원 건물의 주요 부분은 완전히 재건축한 것이다. 재건축은 17세기에 생반Saint-Vanne 수도원이 유도한 베네딕도 수도원 개혁의 일환이었다. 계단과 홀과 천장은 17세기 프랑스 건축물의 멋진 형태를 보여 주지만, 그 정신은 성 골롬반 시대와는 동떨어져 있다. 마지막 수도원장이 1790년 수도원을 떠났고, 1815년 루이 18세가 수도원 건물들을 신학교로 사용해야 한다는 법령을 반포했다. 이 건물은 지금도 성 골롬반을 수호성인으로 삼아 신학교로 사용되고 있다.

(과거 수도원 방문자들이 출입하던) 이 신학교 현관 홀의 큰 주춧돌 위에는 성 골롬반 청동상이 우뚝 서 있다. 왼손에는 지팡이를 들고 오른팔은 뻗은 채로 미지의 곳을 향해 용감하게 나아가는 모습이다. 벨포르의 외젠 트라우트Eugène Traut가 만든 작품을 학교의 옛 학생들이 이곳에 설치했다. 1939년 7월 20일 브장송의 대주교 뒤부르Dubourg가 봉헌하였다. 이 동상은 예술품으로 분류돼 독일 점령 아래에서도 살아남았다. 골롬반에 대한 긴 명판에는 '불의 영혼을 지닌 사도, 별을 향해 지칠 줄 모르고 나아간 여행자'와 '문명의 구원자'라는 찬사가 나란히 적혀 있다.

이 두 현대 예술품인 골롬반 동상은, 뤽세유에 보존되어 있는 다른 조각상들과는 대조되는 면이 있다. 대성당에 소장되어 있는

17세기에 제작된 나무 조각상(뤽세유의 가장 오래된 조각상)을 보면, 수도복을 입은 골롬반 발 옆에 주교관(전례용 모자)이 놓여 있다. 로렌Lorraine의 조각가 말레Malet가 만든 신학교 경당의 조각상에는 골롬반의 가슴에 태양이 있고, 이것은 골롬반 탄생 전에 그의 어머니가 태몽을 통해 보았다는 요나의 해설을 떠오르게 한다.

말레의 조각상은 제1차 세계대전 이전 소신학교 경당 벽에 장식해 놓은 조각상들 중 하나다. 물론 이 경당 스테인드글라스에도 골롬반의 모습이 담겨 있다.

고대 수도원과 수도원 도서관의 보물들은 프랑스혁명 때 거의 다 사라져 버렸다. 그중에는 보비오에서 가져온 골롬반의 유물들도 있었다. 성인을 새긴 작은 은입상과 도서관에서 보관해 온 대체 불가능한 많은 사본이 없어졌다. 1789년 7월 22일 성난 군중은 도서관을 약탈하고 사본들을 불태웠다. 그들은 그 사본들을 봉건제 노비 문서로 착각한 듯하다. 다행히 몇 개 귀중한 사본들을 이 불바다에서 빼냈고, 이 중 (7세기의 유명한 갈리아 미사 독시Gallican Lectionary를 포함하여) 최소 다섯 개 사본을 파리 국립도서관에 보관하도록 조처했다. 9세기 아일랜드 학자 스마락두스Smaragdus의 성서주석서와 다른 네 개 사본은 런던 대영 도서관에 있다.

과거에 뤽세유 도서관에서 보관해 온 아일랜드어 자료가 담긴 사본은 단 한 개만 남아 있다. 이것은 다른 책을 묶기 위해 사용했던 한 장의 양피지다. 현재 낭시 도서관의 고문서 59번이며, 9세기

프랑스 뤽세유 수도원 부속학교 현관 홀에 있는 골롬반 청동상.
'그리스도를 위한 나그네'로서 미지의 순례지를 가리키는 모습이다.

뤽세유 수도원 성구 보관실에 있는 골롬반 상.
골롬반의 어머니가 태몽에서 보았다는 빛나는 태양이
가슴 한가운데 있다.

에 살던 아일랜드인이 그 이전 것을 기록한 단편이 겉표지 안쪽에 붙어 있다. 이 사본에는 1월 1일이 어느 요일에 해당하고 월령은 어떤지 계산하는 라틴 주석이 나온다. 라틴 주석에는 아일랜드어 해설 여섯 편이 딸려 있다.

20세기에 와서야, 프랑스혁명의 소용돌이로 뤽세유 수도원에서 소실된 골롬반의 유물들에 대해 보상을 받았다. 1923년 9월 3일 골롬반의 새 유물들을 보비오에서 뤽세유로 가져왔고, 1924년 7월 20일 경당에 장중하게 안치하였다. 1950년 7월 23일에는 성 갈의 팔 모양 유해를 장크트갈렌에서 가져와 성당 보물들과 함께 진열해 놓았다. 뤽세유에서는 1924년부터 매년 성 골롬반의 유물들을 가져온 기념일을 축하하고 있다.

— 아네그레

성 골롬반이 아네그레에 지은 첫 수도원 자리와 골롬반 성인과 왕래한 이웃의 거처를 찾아가려면, 보주 거리에서 뤽세유를 출발하여 코르베렌Corvereine과 라동Raddon 마을과 아마Armagh에 있는 고대 켈트식 무덤을 통과해야 한다. 다음으로 생트마리앙샤누와Ste-Marie-en-Chanois 마을 끝까지 와서 왼쪽 길로 (30분 정도) 걸어가면 산비탈에 경당과 성 골롬반 동굴과 거룩한 우물이 나온다.

전승에 따르면 이곳은 골롬반이 혼자서 정기적으로 하느님과 머물기 위해 은둔했던 곳으로 알려져 있다. 길가에 무성하게 자라는 월귤 나무는 여전히 '성 골롬반의 푸른 새순'이라 불리고, 그 지역 전승에 따르면 오랜 기간 단식으로 허약해진 성인이 붉은 베리 열매들을 먹고 회복되었다고 한다. 마침내 산골짜기에 닿으면 바위로 둘러싸인 외딴 동굴이 나오고, 이곳이 성인의 은둔처였다.

동굴 오른편에는 거룩한 우물이 있다. 그의 충실한 비서 도모알을 만족시키려고 골롬반이 갈라진 돌 틈을 향해 깨끗한 물을 쏟아 내라고 명령하자 진짜로 물이 솟구쳤다. 마을 사람 중 어떤 이들은 아직도 환자를 치유시켜 준다고 믿으며 물을 떠 간다. 이곳에는 동굴에서 곰을 몰아내고 샘이 갑자기 솟아오른 것을 기념하는 성 골롬반 소경당(11세기)이 있다.

생트마리앙샤누와 마을에서 아네그레 마을까지는 지척이고, 뤽세유에서 동쪽으로 13킬로미터 정도 떨어진 계곡 밑에 그림처럼 펼쳐져 있다. 마거릿 스톡스Margaret Stokes[1]가 1893년 이 마을을 방문했을 때, 그녀는 둥근 둔덕 위에 있었던 옛 교회의 흔적을 찾을 수 없었다. 브르샹 강 근처의 고대 생마르탱 성당이 내려다보이던 언덕 발치는 개간지로 변해 있었다.

---

1 마거릿 스톡스는 아일랜드 골동품 연구가로 유럽에서 활동한 중세 초기의 아일랜드 성인들에 대해 연구했다. 저서로 *Six Months in the Apennines*(1892), *Three Months in the Forest of France*(1895) 두 권이 있다.

   그리스도를 위한 나그네

아네그레 성 골롬반 성당 문 옆에 붙어 있는 골롬반 부조.
이 부조는 뤽세유 수도원 인근에 골롬반이
홀로 찾아가 기도하던 동굴 옆에도 붙어 있다.

왼쪽 동굴에서 곰을 몰아내고 샘이 갑자기 솟아오른 것을 기념하여 11세기에 지은 아네그레 성
골롬반 소성당 입구

그러나 그녀는 그 둥근 둔덕 바닥에서 고대의 담벼락 일부를 발견했다. 그것은 회반죽 없이 거친 돌로 세워져 있었는데, 원래 수도원 울타리였을 것으로 추정했다. 성당은 프랑스혁명 때 파괴되었다. 들판을 개간하자 많은 석관이 발견되었고, 단 하나의 석관만 온전히 보존되어 있었으나 이것 역시 마을 우물 곁 여물통으로 쓰이고 있었다. 지역민들은 그녀에게 "사방에서 뼈들이 나왔다"라고 알려 주었다.

—— 퐁텐느

퐁텐느는 뤽세유 지역에 골롬반이 세 번째로 지은 수도원 터로, 뤽세유에서 북서쪽으로 5킬로미터 정도 떨어져 있다. 그 길은 세트셰보Sept-Chevaux의 아름다운 숲길을 통과한다. 이 마을은 낮은 시내의 봉긋한 중심부에 위치하며, 과거에는 습지였다. 그곳 교구 성당의 큰 첨탑은 마을의 상징이다.

성 골롬반이 설립한 수도원 터에 있는 생팡크라스St Pancras 소수도원은 완전 현대식 건축물이며, 20세기 초에 반反교권주의敎權主義 법률에 따라 몰수되었다. 교구 성당 동쪽 창문 스테인드글라스에 그려진 골롬반 성인은 교회 설계도를 들고 습지 물을 빼내라고 지시하고 있다. 교회 안의 다른 현대식 그림을 보면, 퐁텐느 소수도원 앞에 선 골롬반이 요나의 글이 담긴 두루마리를 손에 들고 있다. "그는 한 장소를 구하여 또 다른 수도원을 짓고서, 퐁텐느라고 이름 붙였다." 뤽세유 성당 문 근처의 골롬반 상을 조각한 그랑주Grange의 또 다른 현대적인 골롬반 조각상이 1950년 퐁텐느에도 세워졌다. 교구 성당에도 성인의 유물 한 점이 보존되어 있다.

—— 브레겐츠

브레겐츠는 몇 개 국가가 교차하는 콘스탄스 호수 남동쪽 모퉁이에 위치해 있다. 이 도시는 오늘날 오스트리아에 속하고, 호수에 맞닿은 오스트리아의 좁은 국경선에 아슬아슬하게 걸쳐 있다. 반면에 독일 국경은 6킬로미터 정도 떨어져 있고, 스위스는 남서쪽으로 8킬로미터 정도, 리히텐슈타인은 남쪽으로 38킬로미터 떨어져 있다.

원래 브리간티움original Brigantium은 켈트족의 거주지였다가 로마제국의 중요 무역항과 군사 주둔지가 되었다. 중세 시대에는 브레겐츠와 몽포르Montfort 지역 백작들이 그곳을 차지하였고, 16세기에는 합스부르크 왕가가 소유하였다. 610년 말 골롬반이 이 도시에 도착했을 때는, 제국이 망하고 지리멸렬한 상태였다.

역사가들은 아일랜드계 수도원의 새로운 본부가 된 성 아우렐리아St Aurelia 교회의 정확한 위치를 아직도 의심한다. 오를레인에 있었다는 주장이 제기됐지만, 오를레인은 호숫가에서 1.6킬로미터 위쪽으로 떨어져 있기에, 성 갈이 이교인의 우상을 호수로 집어 던졌다는 발라프리트의 설명과 부합하지 않는다. 확실한 것은 그 고대 도시 남부에 위치한 이 지역이 중세 때부터 오늘까지 계속 성갈(및 성 골롬반)과 연관된다는 점이다.

갈루스슈타인(성 갈의 바위)이라는 이 지역의 바위 하나와 그곳에서 사용되는 특정 무늬는 그의 무릎을 표시한다고 여겨졌다! 이곳 작은 경당은 갈루스슈타인 예배당(Gallussteinkapelle)이라 불리곤 했다. 그 경당은 갈과 골롬반이 그곳에 도착한 후 1천 년이 지난 1610년에도 분명 그 위치에 있었다. 경당은 19세기에 부서졌고 현재는 담벼락만 일부가 남아 있을 뿐이다. 그러나 그곳에서 북쪽으로 조금 떨어진 성 갈의 거리(Gallusstrasse)에서 북동쪽으로 가면 교회의 거리(Kirchstrasse)가 있다. 예전부터 남동쪽으로 뻗어 있는 그 거리들 중 하나인 골롬반 거리(Kolumbanstrasse)는 지금도 상트 갈루스 St Gallus라고 부르는 교구 성당과 연결되어 있다. 그 이름은 11세기 초부터 생겼고, 브레겐츠에서 가장 아름다운 성당일 것이다. 아주 특이한 형태의 넓은 탑이 그 지역 명물이 되었고, 내부의 바로크 장식은 포어알베르크 유파(Vorarlberg school)의 작품을 잘 보여 준다.

상트 갈루스 교회는 1970년대 초에 발굴되어 복원되었고, 로마제국 말기의 건축물 흔적이 현 교회 성가대석 밑에서 발견되었다. 이 교회 서편의 중세 초기 건물 두 개에서 나온 유물들이 조명을 받았다. 어떤 학자들은 이 로마제국 말기의 담벼락을, 아일랜드 수도승들이 복원하고 확장한 5세기의 성 아우렐리아 교회 터라고 주장한다. 이 견해가 맞다면, 상트 갈루스 본당은 아일랜드 수도원 터에 설립되었다.

이 교회는 1097년 처음 언급되었다. 당시 이 교회는 초기 로마네스크 양식의 직사각형 건물이었고, 나중에 확장되었다가 1477년 불타 버렸다. 현재 단단한 고딕식 탑은 전소된 후에 세워진 것이다. 프레스코화는 1738년 요제프 벡샤이더Joseph Wegscheider가 그린 것이고, (곰과 통나무 곁에 성 갈이 서 있는 조각상을 포함하여) 중앙 제대의 조각상 네 개는 켐텐Kempten의 요한 게오르크 브램Johann Georg Brem이 제작한 것이다. 벡샤이더가 만든 또 다른 성 갈 조각상은 성가대석에 있고, 세 번째 성 갈 조각상은 상트 미카엘St Michael 경당에 있으나 이곳은 출입이 금지되어 있다. 놀랍게도, 나는 이 교회에서 성 골롬반 그림이나 조각상을 전혀 찾아볼 수 없었다.

성 갈의 거리에서 남서쪽 방향으로 걷다가 란트슈트라세Landstrasse를 따라 계속 가면, 성 골롬반에게 봉헌된 뛰어난 현대식 교회가 나온다. 이 건물은 최근에 지은 것으로, 최고의 현대식 종교 건축물의 좋은 보기다. 종탑이 교회 건물과 분리되어 있는데, 그 독특한 형태는 골롬반 교회를 방문하는 순례자들을 매혹시키

오스트리아 브레겐츠 성 골롬반 성당

오른쪽 위 브레겐츠 성 골롬반 성당에 있는 에기노 바이너트가 디자인하고 만든 성합.
이 안에 보비오에서 옮겨 온 성 골롬반의 유물들이 들어 있다.

고 색다른 환대를 해 준다. 그렇지만 이 지역에서 더 이른 시기에 성 골롬반에게 봉헌된 교회보다는 후대의 건축물이기 때문에, 역사보다는 미학적 측면에서 관심을 더 끈다.

1985년 브레겐츠는 (브리간티움)설립 2천 년을 기념했고, 성 골롬반 교회는 밀레니엄과 연관되어 종교 축제 개최지로 선정되었다. 그곳의 헌신적이며 유능한 사목자 알베르트 홀렌슈타인 몬시뇰Mgr Albert Holenstein은 브레겐츠의 교회로 성 골롬반의 유물들을 옮기기 위해 보비오의 주교와 조정하여, 그 유물들을 1985년 11월 23일 성 골롬반 축일 때 가져왔다. 그리고 그 유물들을 독일의 뛰어난 예술가 에기노 바이너트Egino Weinert가 디자인하고 만든

브레겐츠의 성 골롬반 소개 석판. 183쪽의 인용문이 독일어로 새겨져 있다.

아름다운 새 성합 속에 장엄하게 안치하였다. 한편 뱅거에서 옮겨 온 큰 바위도 브레겐츠로 가져와서, 교회 앞 잔디밭에 돋보이도록 설치해 놓았다. 여기 새겨진 독일어 비문 내용은 다음과 같다.

아일랜드 뱅거 해안에서 가져온 바위. 뱅거에서 온 아일랜드 설교 가 성 골롬반은 폐허로 변한 로마제국의 브리간티움에 터를 잡은 선교사로서, 이탈리아 보비오로 옮기기 전인 610~612년 무렵 우 리 선조들에게 그리스도교 신앙을 가르쳤다.

밀레니엄(새천년)은 뱅거와 브레겐츠를 연결 지어 바라보게 해 주었다. 1987년 10월 뱅거 시청에서 공식 기념행사를 거행했고, 시장과 사목자를 포함한 브레겐츠 시민들이 이 행사에 참여했다.

갈 교회(Galluskirche)와 골롬반 교회(Kolumbankirche)에서 골롬반 거 리(Kolumbanstr.)와 갈 거리(Gallusstr.)를 한참 걸은 후 비탈길을 더 오 르면 갈루스 수도원에 도착한다. 이 멋진 건물은 1906년 스위스 마리아슈타인Mariastein에서 수도생활하던 수도승들이 베네딕도 수 도원으로 설립했으나, 현재는 종교 건물이 아니다. 그곳에 있던 작은 성 하나는 새 수도원이 되었고 수도승들이 그 옆에 새 교회와 수도원 건물을 지었다. 그들은 그곳에서 북쪽으로 더 간 지점, 예 전에 갈루스슈타인 예배당(Gullussteinkapelle)이 세워져 있던 자리에 새 수도원을 짓고 싶어 했으나, 시 당국이 허락하지 않았다. 이 수도원의 역사는 끊겼지만, 이 도시 및 보덴제 주변 풍경과 아름답게 어우러져 있고, 또 다른 성은 깎아지른 절벽 꼭대기에 아슬아슬하게 균형을 잡고 있다.

베네딕도 수도원으로 있던 짧은 기간(1906~1941) 동안 성 갈루스 수도원에 있던 수도승 대부분은 스위스 출신이란 이유로 히틀러 정권 시기에 추방 명령을 받았다. 결국 1941년 대다수 수도승들이 스위스로 쫓겨나 마리아슈타인으로 돌아갔다. 그렇게 베네딕도 수도회로서 성 갈루스 수도원은 짧은 역사를 마감하였다. 그 수도원 건물들은 여자 중학교로 사용되다가 지금은 지역 도서관이 되었다.

그러나 베네딕도 수도회와 완전 무관한 것은 아니다. 과거 수도 공동체 일원이던 요제프 케터러Josef Ketterer 신부는 독일 시민권자여서 추방을 면한 대신 제2차 세계대전 동안 독일군으로 복무해야 했고, 성 갈루스 수도원에서 지내며 브레겐츠 본당의 사무를 보았다. 그는 1973년 8월 22일 그곳을 방문한 나에게 수도원 성당과 건물들을 친절하게 안내해 주었다. 성당은 현대 바로크양식으로 멋지게 장식되어 있었다. 제대 독서대 쪽에는 성 갈과 그의 동료들이 복음에 대해 가르치는 그림이 있다. 이것은 독일의 유명한 화가인 포이어슈타인Feuerstein의 작품으로, 성 갈이 이교인 우상을 쓰러뜨린 후 왼손에 나무망치를 들고 있는 장면을 보여 준다. 보덴제와 마찬가지로, 제대 뒤편 그리스도의 십자가는 이교인의 제단 위

브레겐츠 메레라우 수도원의 골롬반 스테인드글라스

에 세워져 있고, 우상들은 그의 발밑에 깔려 있다. 지역민들은 복음을 듣기 위해 성인 주위에 모여 있다. 옆에는 긴 수염의 골롬반이 수도복 차림에 지팡이를 들고 서 있다. 성 갈이 그려진 이 성당에서 수도승들의 찬송가가 다시 울려 퍼지길 바라는 사람들이 있을 것이다.

골롬반과 갈에 대한 기억을 소중히 여기는 브레겐츠에는 여러 수도원들이 설립되었다. 그중 메레라우Mehrerau의 시토회 수도원은 호수 근처, 이 지방 북서쪽 교외의 요트 항구 가까이에 있다. 과거 보덴제 전역에 퍼져 있던 많은 수도원 가운데, 메레라우 수도원이 현재 유일하게 남아 있는 수도원이다.

그 수도원은 1097년 베네딕도 수도회로 창설되었고, 이 안에 있는 12세기 로마네스크식 성당은 브레겐츠와 몽포르 백작들의 매장지가 되었다. 그곳은 보덴제 지역에서 700년이 넘도록 수도 생활의 중심지였다. 그 로마네스크 교회는 18세기에 바로크 건축물로 바뀌었고, 수도원 건물도 바로크양식으로 다시 지어졌다. 그러나 1806년에 와서 세속화 물결에 휩쓸려 버리고 말았다. 교회와 첨탑이 무너졌고, 그 재료였던 돌들은 린다우Lindau 항구를 짓는데 사용되었다.

반세기 후에 스위스의 베팅겐Wettingen 수도원에서 쫓겨난 시토회원들은 1854년 프란츠 요세프Francis Joseph 황제의 승인으로 이곳에 은신처를 마련했다. 그들은 1855년부터 1859년까지 네오로마네스크neo-Romanesque 양식으로 새 교회를 지었다. 단순한 구조에 햇빛이 잘 드는 실내는 시토회의 엄격함과 조화를 이루고 있다. 수도원 건물 일부는 18세기 바로크양식 지붕을 보존하고 있고, 1962년에는 12세기 로마네스크 양식의 교회 유물이 다량 발굴되었다.

수도승들은 영적 사도직과 별도로, 남학생을 위해 유명한 성 베르나르도 기숙학교를 운영한다. 그 기숙사에서는 오스트리아, 독일, 스위스 출신 학생들이 생활한다. 농업학교와 요양원도 수도원에 딸려 있다. 그러나 지난 세기 메레라우 수도원의 가장 큰 성취는 분원들daughter-houses을 다수 설립한 것이다. 그 결과 19세기에 메레라우에서 독일과 스위스로 추방당했던 시토회원들이 되돌아올 수 있었다. 오늘날 메레라우의 시토회 공동체는 스무 개 가까이 있다.

현재 메레라우 수도원장은 그 이름에 걸맞게도 콜룸반 슈파르Kolumban Spahr 신부다. 그는 1950년대부터 메레라우 수도원의 역사와 예술품에 대한 많은 논문을 다른 수도원들과 연계하여 발표하고 출간했다. 그의 친절과 호의에 힘입어 나는 수도원 건물을 둘러보았고, 메레라우 수도원에서 고대의 아일랜드 수도승들을 여전히 존경하고 있음을 알게 되었다.

수도원 회랑의 담벼락에는 성 보니파시우스와 성 골룸반의 일대기를 표현한 프레스코화가 있었다. 불행히도 현재 그 작품들은 사라졌지만, 콜룸반 신부가 9만 권이 소장된 도서관에 보관해 둔 그림들을 보여 주었다. 이 밖에도 이 도서관에는 많은 필사본과 초기 간행본을 포함하여 골롬반에 관한 기초 자료들이 있다. 수도원에서는 매년 성 골롬반 축일을 기념한다. 이 지역 수도원 창설자인 성 골롬반, 성 갈, 성 마그누스의 초상이 그려진 (최근 복원한) 수도원의 옛 그림 한 점은 후대 수도원장으로 누가 계승되었는지 알려 주고, 아일랜드인들이 이 지역에 퍼뜨린 수도승생활의 영향을 공동체에 상기시켜 준다.

—— 장크트갈렌

골롬반의 가장 유명한 제자인 갈의 이름을 딴 이 도시는 콘스탄스 호수 남쪽으로 펼쳐진 평원 지대에 있으며, 현재 인구 8만 명이 살고 있다. 이 명랑 유쾌한 도시는 스위스 섬유산업의 중심지다. 중세 시대부터 18세기까지 린넨 섬유를 특화하여 생산했고, 이후 면직물을 생산하다가 근대에 와서는 편물 산업이 성황을 이루고 있다. 오늘날 장크트갈렌은 고혹적인 자수로 세계적 명성을 얻었으며, 시민 가운데 54퍼센트가 가톨릭 신자다.

근래에 벌어진 모든 전쟁에서 아무런 피해도 입지 않고 다행히 살아남은 이 도시에는 많은 역사적 건축물이 보존되어 있고, 오래된 집들이 늘어선 거리를 걷노라면 수세기를 버텨 온 빼어난 돌출

오른쪽 장크트갈렌 성당의 성 갈 동상. 곰과 함께 있는 갈은 아일랜드에서부터 골롬반과 함께 20년이 넘도록 선교의 길을 동행한 제자이면서 동료다. 그러나 콘스탄스 호숫가에서 611년 말경 생이별하였고, 골롬반이 615년 보비오에서 선종할 때까지 한 차례도 만나지 못하였다.

장크트갈렌 성당 내부

  그리스도를 위한 나그네

창들이 아주 인상적인 풍경을 자아내고 있다.

장크트갈렌의 방문자들은 특별히 대성당과 도서관에 흥미를 느낄 것이다. 대성당은 과거에 수도원 성당이었고, 아르본 숲 한복판에 서 있었다. 이 터는 성 갈이 612년 내지 613년 자신의 은둔처와 기도실로 삼은 곳이자 제자 열두 명을 모은 자리다. 최근의 발굴을 통해, 성 갈의 이 첫 교회는 나무가 아닌 돌로 세운 것이었음이 판명되었다. 성인이 죽자 제자들은 이곳에 작은 수도원을 짓고 살았다. 100년 가까이 흐른 719년에, 쿠르Chur에서 교육받은 오트마르 신부가 이곳에 성 베네딕도 규칙을 따르는 장크트갈렌 수도원을 설립했다.

오트마르 신부는 베네딕도회 첫 수도원장으로서 759년 죽을 때까지 장크트갈렌 수도원을 이끌었다. 9세기에 이 수도원은 유명해졌고 수도원 학교 역시 학문의 요람으로 소문이 나서, 교회와 수도원의 규모가 커졌다. 실제로 현 대성당 자리에 교회가 세 개나 생겼다. 현 대성당 제대 주변 지성소 자리에 성 갈 교회(837년)를 세우고, 현 대성당 서쪽 끝자리에 성 오트마르 교회(867년)를 세웠으며, 두 교회 사이 이 층 건물 위층에 성 미카엘 경당이 들어섰다.

현재 남아 있는 아름다운 바로크 건물은 1750년에서 1764년 사이에 수도원 교회로 세운 것이다. 페터 툼프Peter Thumb가 중앙 원형 홀과 신자석을 설계 건축했다. 프라이부르크의 저명한 조각가인 크리스티안 벤칭거Christian Wenzinger가 벽과 기둥과 천장의 부조

및 조각들에 치장 도료를 칠했고, 기글 형제들the brothers Gigl이 장식물을 치장했다. 요제프 반넨마허Josef Wannenmacher는 1764년부터 1766년 동안 프레스코화를 그렸다. 그 후로도 교회 실내장식에 몇십 년간 공을 들였지만 1805년까지도 완성되지 못했다. 그 시기에 새로 설립된 이 교회는 쿠르-장크트갈렌Chur-St Gallen 교구의 모교회가 되었다. 대성당 외부 복원 공사는 1928년부터 1938년까지 진행되었고, 실내장식은 1961년부터 1967년 사이에 새로 고쳤다. 따라서 오늘날 장크트갈렌 성당을 방문하는 이들은 진정 최고의 작품과 조우한다.

대성당의 보물 중에서, 중앙 원형 홀의 북문에는 실제 사람 크기의 성 베드로 상, 성 바오로 상, 성 갈 상, 성 오트마르 상이 있다. 이 모든 것은 벤칭거의 작품으로, 그중 성 갈 조각상은 곰과 함께 있어서 눈에 잘 띈다.

성 갈의 일생을 담은 장면이 실내 그림 상당 부분을 차지한다. 벤칭거는 돔 아래 통로에 부조로 여덟 장면을 새겨 칠하고 다른 쪽에도 네 장면을 새겨 칠했다. 오른쪽 부조들은 성 갈이 설교하고, 미사를 거행하고, 왕이 선물한 땅을 받는 장면이다. 왼쪽 부조들은 갈이 이교인의 제단을 내려치고, 골롬반과 헤어지고, 통치자의 딸을 치료하고, 죽는 장면이다.

반넨마허의 천장 프레스코화 역시 성 갈을 강조하고 있다. 돔을 비스듬히 둘러싼 그림들은 그의 생애를 여러 장면으로 묘사하고 있고, 돔에서 가장 가까운 신자석에는 그를 스위스의 다른 수호 성인들과 함께 그려 놓았다.

그러나 장크트갈렌에 머물던 골롬반과 갈을 상기시켜 주는 가장 가치 있는 유물은 더 이상 그곳에 없다. 성 갈의 유해는 츠빙글리 추종자들이 1529년 불태워 버렸고, 그의 유물만 이전에 보존해 온 주요 성지에서 가져다 놓았다. 현재 그 유물들 대다수는 성 갈 성당 제대에 모셔져 있고, 이 제대는 독서대쪽 지성소 난간 바로 안에 있다. 성인의 두개골은 1층 장크트 갈루스 예배당 바로 위층 주교관 경당 안에 보관되어 있다.

죽어 가던 골롬반이 갈에게 보낸 지팡이 역시, 수도원 성당 중앙 제대 위에 수세기 동안 보관해 왔다. 노트케루스 발불루스Notker Balbulus[2]는 10세기 초에도 그 지팡이가 그곳에 있었다고 전한다. 그는 악마가 날아다니는 것을 막기 위해 지팡이를 사용했고 악령을 때리다가 부러뜨렸다고 한다.

그 지팡이는 그 후에 갈의 제자인 마그누스가 찾아내서 퓌센Füssen에 갖다 놓았다. 볼란디스트bollandists[3]들이 1748년 펴낸 성 마그누스의 생애 자료를 보면, 그것은 끝이 구부러지지 않은 91센티

2　노트케루스 발불루스(840년경~912년). 장크트갈렌 베네딕도 수도원에 입회하여 도서관장, 수도원 학교장을 역임하고 성 갈의 생애를 집필하였다. 말은 더듬었지만 정신은 번뜩였다고 한다.

3　17세기 초부터 그리스도교 성인 열전과 성인 신심을 연구한 학자·철학자·역사가 모임.

미터 길이로, 앞면에 성 골롬반 형상이 새겨진 은색 성소 안에 놓 았다고 한다. 지팡이가 부러진 장소는 지금도 볼 수 있다.

이전의 장크트갈렌 수도원 건물들은 여러 용도로 사용되고 있 다. 야외 운동장 주변의 건물들은 현재 장크트갈렌 주 행정부의 공 공 사무실로 쓰이고 있다. 홀리 엔젤스Holy Angels 교회 옆 건물은 현재 학교다. 내부 운동장 주위 건물들은 교회 사무실과 아파트로 쓰이고 있다. 대성당 옆에는 도서관이 있고, 수도승들이 그 수도원 을 소유하고 있을 때 지은 웅장한 바로크 홀이 여전히 있다. 정문 초입에는 유명한 비문이 있다. 이 비문은 기원전 1250년 이집트 람세스 왕이 세운 도서관에 세워져 있던 것을 디오도루스 시쿨루 스Diodorus Siculus가 번역한 것으로, 북아일랜드 남부 아마Armagh 공 립 도서관에 있는 비문과 같은 것이다.

교회 건축과 실내장식을 맡았던 이들이 도서관도 맡았다. 페 터 툼프가 1758년 지은 도서관 건물을 설계했고, 기글 형제들 이 1761/62년 도서관 벽면의 도장을 맡았다. 요제프 반넨마허는 1762/63년 (제1~4차 교회일치 공의회 모습을) 천장 프레스코화 로 그렸다. 공동체의 많은 형제들이 책꽂이와 가구들을 운치 있게 제작했다. 이 모든 것이 결합되어 현재 스위스에 있는 최상의 바로 크 건물을 이루고 있다.

현재 도서관은 중세 시대 연구를 위한 도서관으로 특화되어 있 고, 사본 2천 권과 초기 간행본 1,650권을 포함하여 약 10만 권의 장서를 열람할 수 있다. 7세기부터 12세기 사이의 아일랜드 관련 사본이 열다섯 개 있다. 이 말은 곧 장크트갈렌 도서관에는 노르만족 이전 시기에 아일랜드인이 집필했거나 아일랜드의 영향을 받아 쓰인 사본이, 아일랜드에 있는 전체 도서관에 소장된 자료들보다 더 많다는 뜻이다.

이 사본들 가운데 하나는 계속 전시 중인 도서관의 보물이다. 그것은 '사본 51'로, 750년경 작성된 12쪽 분량의 라틴어 복음서 축소본이다. 방문자들은 단번에 융단으로 된 '켈틱' 디자인을 알아볼 것이다. 열다섯 개 사본 중 세 개 사본은 온전한 형태를 갖추고 있다. '사본 48'은 850년경의 그리스어 복음서다. '사본 60'은 800년경의 라틴어 요한 복음서 필사본의 두 개 축소본이다. 이 사본은 847년도 판 도서관 안내 책자에 소개되어 있다. '사본 904'는 850년경 고대 아일랜드어 주석을 단 프리스키아누스Priscian의 라틴어 문법 사본이다.

마지막으로 말하려는 것은 이 사본들은 고대 아일랜드 문법을 재구성한 학자들에게 익숙한 원자료 중 하나이고, 그 해석은 켈트 연구자라면 익숙한 주해본이라는 사실이다. 그것은 아일랜드의 수도원 필사실에서 기록한 것이고, 책임자의 이름은 메일브리짓다Maelbrighde이다. 필경사들 이름으로 메일퍼릭Maelpdraig, 칼브레Cairbre, 핀그네Finguine, 돈거스Donngus가 등장한다. 필경사들 가운데 한 명이 자신과 돈거스는 이니스 마덕Inis Maddoc 출신이라고 밝혔다. 이곳은 리트림Leitrim 주 템플포트Templeport 호수 가운데에 위치한 섬이다.

이 사본의 여백에는 필사실에서 힘들게 필사하던 수도승들의 생각의 편린이 나오고, 여기저기에 성인에 대한 기도가 적혀 있다(그들은 성 브리지타를 특히 좋아했다).

성 브리지타여, 우리를 위하여 빌으소서, 필사가의 기술을 도와주소서.

잉크와 양피지에 대한 대화들도 적혀 있는데, 이는 아마도 수도원의 침묵 규정 때문인 듯하다.

이 메모는 희귀한 자료예요…. 새로운 메모가 얼룩져 알아보기 힘듭니다.

이 사본에 없었더라면 있는지도 몰랐을 아일랜드 삼행시나 사행시도 있다. 이 중에는 유명한 시 「오늘밤 매서운 바람이 부네」도 있다. 이 시에는 어떤 학자가 바다 너머에 있는 바이킹이 습격해 오지 못하게 폭풍을 환영하는 내용이 나온다. 또 어떤 필경사가 관목 가지 꼭대기에 앉은 검은 새와 뻐꾸기의 노래를 경청하는 내용도 있다.

창설자에 대한 기억을 떠오르게 하는 장크트갈렌 수도원의 마지막 예술품은 장크트 갈루스 소성당으로, 수도원 내부의 한 건물 1층에 자리 잡고 있다.

수도원장 푸르카르트Purchart가 971년 이 터에 첫 번째 성 갈 경당을 지었다. 전승에 따르면, 이곳은 갈이 처음으로 십자가를 세운 자리다. 종교개혁이 소용돌이치던 무렵인 1530년 이 경당은 완전히 파괴되었으나, 1540년 무렵 둥근 형태의 새 경당을 재건축하고 축성하였다. 수도원장 갈루스 2세Gallus II가 1666년 7월 28일 이 자리에 현 경당의 초석을 놓았다. 이후에 이 경당은 독립 건물이 아니라, 주교관에 딸린 경당으로 사용한 또 다른 성 갈 경당과 함께 새 수도원 건물 중 하나가 되었다.

1층의 아름다운 성 갈 경당에는 벽 둘레에 붙어 있는 성 골롬반과 성 갈의 생애를 표현해 놓은 밝은 바탕의 회화 24점이 있다. 원래는 그림이 26점이었는데, 여섯 번째와 아홉 번째 그림이 19세기를 지나면서 소실되었다. 1974/75년 그림을 복원했을 때, 그림 원작자가 1670년부터 작업을 해 온 요한 세바스티안 헤르슈Johann Sebastian Hersche임을 알아냈고, 이것을 1760년경 요제프 반넨마허가 멋지게 복원하였다. 요제프 반넨마허는 앞서 본 대로, 대성당과 도서관의 뛰어난 프레스코화를 그린 화가다. 골롬반이 나오는 그림은 첫 번째(소년 갈을 받아들임), 두 번째(갈을 가르침), 세 번째(지그베르트 왕에게 갈과 함께 환대받음)와 스무 번째(죽음을 기다리며 침대에 누운 골롬반이, 그를 위

해 미사를 집전하는 갈에게 지팡이를 보냄)이다. 어떤 그림도 두 아일랜드인의
갈등을 묘사하지 않는다.

성 갈 축일인 매년 10월 16일에는 대성당에서 주교 집전 미사
가 봉헌되고, 많은 교회 인사와 지역 인사가 참석한다. 장크트갈렌
수도원 도서관은, 페터 옥센바인Peter Ochsenbein의 주도 아래 도서관
열람대에 성 갈의 생애와 영향력과 신심에 대한 여러 논문과 논평
을 축일 전날 진열해 놓는다.

—— 산 콜롬바노 알람브로San Colombano al Lambro

프랑스와 이탈리아의 수많은 도시와 마을 명칭은 아일랜드 성
인의 이름을 따라서 지어졌다. 그중 가장 큰 지역은 산 콜롬바노
알람브로다. 현재 이곳에는 8천 명이 살고, 나폴레옹이 영웅적 활
약상을 보인 로디Lodi에서 남쪽으로 20킬로미터 정도 떨어져 있
다. 로디에서 파비아까지 이어지는 주요 도로를 타고 성녀 카브리
니Mother Cabrini가 태어난 산 안젤로San Angelo까지의 거리(13킬로미터)
만큼 가서, 포 강으로 향하는 람브로 계곡으로 내려오면, 지나가
야 할 거리가 5~6킬로미터 더 길어지지만, 강물이 흐르는 계곡의
멋진 경치에 매료될 것이다. 밀라노Milan에서 피아첸차Piacenza 사
이의 고속도로 역시 이 지역을 짧게 통과한다.

오른쪽 멀리 보이는 알프스 산을 바라보면서 골롬반은 피곤하지만 힘찬 걸음으로 선교의 열정
을 돋우었으리라.

S. COLUMBANO
DICATUM

왼쪽 알프스 골롬반 기념 성당(디센티스 올리보네Disentis Olivone). 골롬반은 알프스 산길에 있는 기슭에서 늙고 노곤한 몸을 쉬면서 로마에 닿기를 기도했을 것이다.
위 알프스 순례길의 성모자상(디센티스 올리보네). 알프스 산마루에 오른 골롬반은 이탈리아 땅을 굽어보면서 고단한 길을 큰 탈 없이 함께한 동료들과 한시름을 놓았을 것이다.

이 근방에는 포도밭 언덕이 들판 위로 60미터 이상 봉긋하게 솟아 있는데, 이곳을 산 콜롬바노 언덕collina di San Colombano이라 부른다. 17세기의 시인 레디Redi가 자작시 「토스카나의 바쿠스」Bacco in Toscana에서 이 언덕을 아주 인상 깊게 묘사해 놓았다.

아름다운 언덕이여,
람브로는 그 발에 입을 맞추고
골롬반은 자기 이름을 내주었나니…

이 구절을 술의 신 바쿠스의 입에 담은 까닭에, 오늘날 산 콜롬바노 포도밭은 오래고도 탁월한 선조를 간직하고 있는 셈이다!

고대 전승에 따르면 골롬반 성인은 밀라노에서 보비오로 향하는 여정 중에 이 길을 지나갔고, 그곳 주민을 가르쳐 회심하게 하고 포도 농사를 가르쳤다. 이탈리아인에게 와인 주조법을 알려 주는 아일랜드 남성 이야기는 어딘가 상당히 '아일랜드적'이다! 골롬반 성인이 피아첸차를 지나갔다는 사실은 일어났음 직한 일이나, 유명한 골롬반 연구가인 돈 안니발레 마에스트리Don Annibale Maestri의 논문에 따르면, 이 지역 이름은 한때 보비오 수도원이 이 지역의 넓은 땅을 소유한 데서 유래한다. 적어도 11세기에 이곳의 현재 이름이 언급되었다.

낡은 성이 있는 이 지역을 한때는 프레데릭 바바로사Frederick

Barbarossa가 소유하고 있었다. 그 후 비스콘티Visconti 집안에 넘어갔다가 현재는 바르비아노Barbiano 집안 소유가 되었다. 현재 철거된 그곳 경당에는 베르나르디노 캄피Bernardino Campi의 프레스코화가 있었으나, 교구 성당에 옮겨 놓았다.

교구 성당은 제대 뒤 반원형 공간과 날씬한 탑이 있는 긴 로마네스크식 건축물로, 성 골롬반에게 봉헌되었다. 이 성당은 10세기에 처음 건립되었고 첫 건물의 둥근 기둥들은 지금까지도 남아 있다. 19세기에 지성소와 제대 뒤 반원형 공간이 덧붙여졌고, 대문 자리에 있던 제대는 19세기에 증축하면서 지금 위치로 옮겨 놓은 것이다.

독서대 옆의 본 제대는 성 골롬반에게 봉헌한 것이다. 16세기에 제작된 성인상이 그 제대 위에 놓여 있다. 성인은 수염이 나 있지만, 골롬반의 여러 이콘에 보이는 것과 같은 가슴의 태양은 묘사되어 있지 않다. 제대 위에는 성인의 유해가 담긴 손과 팔 모양의 성골함이 있다. 본당 단체인 '성 골롬반 형제회'가 활발히 활동하고 있으며, 신자들은 골롬반 성인을 여전히 무척 공경한다. 11월 21일과 보비오에서 그의 유물을 옮겨 온 날짜인 7월 30일, 1년에 두 차례 골롬반 축일을 기념한다.

이탈리아 북부 보비오로 들어가는 입구의 다리.
골롬반은 알프스 산을 무사히 넘어 이탈리아로 들어가 잠시 여장을 풀고 그곳을 다스리던 롬바르
드 왕을 만난다. 왕은 골롬반과 그 일행에게 보비오에 수도원을 짓도록 땅을 선사하였고, 골롬반
은 이곳에 살아생전 마지막으로 보비오 수도원을 짓는다.

보비오는 작고 외지고 소박하다. 주교와 시장이 한 명씩 있고 대성당과 경당도 하나씩 있으며, 전체 주민은 2천 명 남짓이다. 그곳에 가려면 골롬반이 그랬듯이 피아첸차를 지나야 한다. 북쪽에서 그 길을 따라 내려올 경우에는 피아첸차까지 48킬로미터 거리이고, 마지막 3~4킬로미터만 제외하면 고른 길이다. 이곳에는 두 시간마다 한 번씩 버스가 다녀서 편리하다. 현재는 피아첸차-보비오 교구에 속한다.

오토네Ottone로 가기 위해 비토리아 광장Piazza della Bittoria에서 출발한 버스는 얼마 안 가서 평지 길을 등지고 제노아 시를 건너서 내륙의 가파른 계곡으로 올라간다. 정교한 묘비들이 수천 개나 있는 거대한 공동묘지를 지나다 보면, 민족 해방과 조국 통일에 헌신한 인물 '주세페 마치니'Giuseppe Mazzini의 묘비도 있다. 가파른 경사를 따라 올라가는 길은 휘어지고 꼬부라져서 산허리를 감고 잠든 뱀처럼 보인다. 이어서 버스는 걸어가듯이 속도를 늦춰 나선형 언덕의 지그재그 길을 조심조심 엉금엉금 오른다. 때때로 깎아지른 낭떠러지 밑으로 협곡이 거칠 것 없는 풍광을 펼쳐 놓는다. 헤밍웨이E. Hemingway는 이 계곡을 '지상에서 가장 매혹적인 곳'이라고 했다. 그 장엄함에 압도된 이들은, 운전수가 오토네까지 70킬로미터를 두 시간 만에 주파했다는 사실을 알아채지도 못할 지경이다. 이

후의 시골길은 조금 덜 아슬아슬한 것 말고는 처음과 별 다름 없다. 30킬로미터를 더 달려서 보비오에 도착할 때까지 큰 변화가 없다.

보비오는 트레비아 계곡의 넓은 지대에 자리 잡고 있다. 골롬반이 살던 시대의 것인 양 중세의 옛 돌다리 밑에는, 강물이 울퉁불퉁한 그 지역의 경계를 따라 흐르고 있다. 이탈리아의 여러 많은 다리들처럼, 이 돌다리는 강폭보다 더 넓어 보이고, 강줄기는 8월의 뜨거운 태양 아래 강바닥을 드러내고 있다. 그러나 겨울에는 트레비아가 페니체 산Monte Penice에서 솟아 나오는 샘물들과 만난 소용돌이치는 급류에 휩쓸려 떠내려갈 것만 같이 물이 불어난다. 다리에는 다소 허술하게 보이는 성 골롬반의 초상이 있다.

산 콜롬바노 경당은 이전에 수도원 교회였고, 지금은 교구 성당이다. 교회 건물 중 가장 오래된 지상 건물은 10~11세기에 만들어진 지성소와 탑이다. 교회의 신자석과 인접한 수도원 건물들은 15세기 것이다. 교회 정문 앞쪽에는 성 골롬반 조각상이, 지성소 양편에는 골롬반의 여러 모습을 담은 프레스코화가 있다. 그것들은 15세기 후반 작품이다. 중앙 제대 뒤 받침대에는 손에 책을 들고 가슴에 태양이 그려진 성 골롬반의 큰 조각상이 있다.

경당 밑에는 두 층의 지하실이 있고, 지하실 위쪽은 지성소 자리다. 여기 성 골롬반 무덤이 있고, 흰 대리석 석관에는 간단한 라틴 비문이 있다. "수도원장 성 골롬반, 그리스도의 평화 속에 여기

왼쪽 이탈리아 북부 보비오 수도원 초입. 골롬반은 보비오에서 허물어져 가던 성 베드로 성당을 짓기 위해 고령의 몸으로 산을 오르내리면서 건축자재를 날랐다고 한다. 힘써 일하고 그 모든 노고를 하느님께 돌렸을 골롬반의 정신이 아직도 이곳에 흐르는 듯하다.

잠들다." 1480년 조각가 지오반니 디 아르제니오Giovanni di Argennio
는 관 세 면에 성인의 생전 모습을 새겨 놓았다. 무덤 옆에는 20세
기 초에 만든 현대식 제대가 있는데, 아일랜드에서 수집해 온 것이
다. 15세기의 조각가가 아무것도 새기지 않고 남겨 놓은 면이 있
었으나, 현대에 (클로버와 유사한) 샴록 몇 송이를 하프와 함께 새
겨 놓았다.

제대를 마주하고 1910년 성 골롬반을 그려 놓은 스테인드글라
스 창문이 있고, 다른 편에는 성 패트릭 스테인드글라스 창문이
있다. 성 패트릭은 오른편으로 뱀을 쫓아내고 있다. 왼편에는 세
번째 성인인 베네딕도가 까마귀와 함께 있다. 성 골롬반 무덤 반
대편 벽을 따라가면 그를 계승한 보비오 수도원의 두 원장, 아탈
라(†627)와 베르툴프(†640)의 무덤이 있다. 또 다른 쪽에는 아주 화
려하게 장식된 철창살이 있다. 위쪽 지하실에는 별자리를 그려 놓
은 중세 시대의 유명한 모자이크화를 볼 수 있다. 아쉽게도 현재
그 그림은 훼손되어 있다.

과거 수도원 건물들 중 일부는 현재 학교로 사용되고 있다. 다
른 건물은 과거 수도원의 많은 보물들을 세심하게 보존하고 있는
박물관으로 바뀌었다. 이 가운데 제법 알려진 성 골롬반의 컵은 롬
바르드의 어린 왕자가 들고 마셔서 열병을 고쳤다는 나무컵이다.
다른 보물로는 긴 칼날에 뿔 손잡이가 달린 골롬반의 칼, 롬바르드
왕 리우트프란트Liutprand가 쿠미안Cummian이란 이름을 새겨 8세기

오른쪽 이탈리아 북부 보비오 수도원 지하 성당 골롬반 무덤. 석관 윗면에 성인의 전신 부조가 새
겨져 있다.

초에 세운 유명한 비석이 있다. 이 박물관에는 골롬반과 그 계승자들의 유물이 담긴 중세풍 성합들도 있고, 골롬반의 두개골 일부를 모시기 위해 만들었다는 은제 흉상이 있다.

보비오에는 주교좌성당과 경당 외에 다른 교회들도 있다. 경당에서 수도원 회랑의 다른 쪽 끝을 보면 낮은 탑 아래에 단체 기도실이 있고, 경당 근처에는 산 로렌조 교회와 성모 교회 등이 있다. 이들 중 어떤 교회도 본당이 아니며, 성 골롬반 경당과 주교좌성당만 본당이다. 해발 1500미터 높이의 페니체 산 정상에는 지난 천 년 동안 교회들이 있었고, 지금은 새로운 교회가 서 있다.

전승에 따르면, 이곳의 두 동굴은 골롬반이 침묵 기도를 하려고 은거하던 곳이다. 보비오 북동쪽의 작은 동굴은 1.5미터 길이에 2.1미터 높이로, 물안개를 일으키며 강물이 떨어지는 트레비아 계곡 150미터 위에 있다. 라스판나La Spanna라 부르는 이곳은 바위가 가파르게 깎인 자리에서부터 파비아 주 경계까지다. 다른 동굴은 보비오 남서쪽에 산 살바도르San Salvador를 향해 있는데, 현재 모습은 6미터 길이에 2.4미터 높이로 제법 큰 편이다. 성 골롬반이 살아생전에 성 미카엘에게 봉헌한 작은 기도실 옆에 위치해 있다. 전승에 따르면 골롬반이 선종한 곳이 바로 여기다.

2 전 세계적 확산

지금까지 골롬반이 수도생활을 해 온 유럽의 주요 활동 지역에서, 성 골롬반의 신심이 어떻게 펼쳐지고 있는지 살펴보았다. 그 신심은 수세기를 거슬러 올라가고, 어떤 경우는 골롬반이 살던 시대와 맞닿아 있다. 그러나 2천 년간 이루어진 아일랜드 교회의 위대한 선교적 노력은 아일랜드 성직자와 평신도를 이끌어 왔고, 이는 초기 아일랜드 선교사들의 업적에서도 확인된다. 그 결과 골롬반은 아일랜드에서 있었던 많은 교회 운동의 수호성인이 되었고, 그의 이름은 아일랜드 선교사들을 통해 지구 가장 먼 곳까지 전해지게 되었다.

1916년 성 골롬반 외방선교회(당시 아일랜드에서는 중국 선교를 위한 메이누스 선교회로 알려짐)가 창설되었고, 첫 골롬반 선교사들이 1920년 중국 한양에서 선교 활동을 시작했다. 골롬반 선교사들의 활동을 통해서 골롬반 성인의 이름은 곧 새로운 국가와 새 대륙들에 알려졌

뢰세유 성 베드로 성당 골롬반 동상 앞에 제의를 입고 모인 골롬반 회원들(2010년)

다. 예를 들어 상하이에서 골롬반 선교사들이 맡았던 첫 본당 이름은 성 골롬반 성당이 되었다. 로마에 새로 생긴 이 선교회의 신학원은 자연스레 '성 골롬반 외방선교회 신학원'이 되었다. 이후로 성 골롬반의 이름과 수호를 받으며 시작된 선교회는 중국과 일본, 한국, 미얀마, 필리핀, 미국, 오스트레일리아, 뉴질랜드와 남미의 여러 국가로 퍼져 나갔다. 심지어 아메리카 대륙에서는 골롬반을 지명으로 사용하고 있다. 미연방 정부는 새 우편 주소에 '성 골롬반'을 넣어, 미국 성 골롬반 외방선교회 본부를 지칭했다.

1922년 성 골롬반 외방선교수녀회가 창설되고, 첫 아일랜드 수련자들을 뽑았다. 4년 후에 첫 골롬반 수녀들이 아일랜드를 떠나 중국으로 갔다. 또 같은 해에 '성 골롬반의 기사들'the Knights of St Columban이 가톨릭 신자들에 대한 차별에 맞서기 위해 아일랜드에서 생겨났다.

'골롬반'이라는 이름이 아일랜드에서는 교회일치를 위한 일들과는 무관하였다. 그러다가 1983년 11월 23일, 예수회 소속 마이클 헐리Michael Hurley 신부가 '골롬바누스 화해 공동체'the Columbanus Community of Reconciliation를 벨파스트에 세웠다. 이 공동체는 개신교 신자들과 가톨릭 신자들이 함께 기도하고 교파의 장벽을 넘나들면서 각기 다른 그리스도교 전통을 서로 존중하고 공통된 그리스도교 신앙을 증거하는 거주 공동체이다. 잊혀져 있던 추방자 골롬반이 크게 부각되었고, 아일랜드의 많은 단체들은 자랑스럽게 그의 이름을 달았다.

골롬반의 이름과 명성의 전 세계적 확산은 사그라지지 않고 계속되고 있다. 1950년에는 그에게 봉헌한 제대를 로마의 성 베드로 대성당 지하 경당에 설치하였다. 루르드의 가톨릭 원조 단체Secours Catholique는 그를 존경하여 순례자를 위한 숙소에 그의 이름을 붙였다. 마침내 골롬반이 국가들을 넘나들며 교류한 것을 인정하여, 1969년 교회력에 기념일이 포함되었고, 현재 로마 전례력을 따르는 전 세계 어디서나 골롬반 축일을 지내고 있다.

3 한국의 성 골롬반 외방선교회

성 골롬반의 선교 영성과 비전을 따라서 성 골롬반 외방선교회(이하 골롬반회)와 성 골롬반 외방선교수녀회(이하 골롬반수녀회)는 예수 그리스도 안에서 그리스도인과 온 인류에 하느님 나라의 기쁜 소식을 선포하며 증거하고 있다. 물론 한국에서도 두 선교회는 복음을 전파하고 지역 교회의 복지에 힘쓰고 있다. 특히 가난하고 소외된 이들과 함께 활동하며 살아왔다.

골롬반회가 한국에 첫발을 내디딘 때는 1933년이다. 임 맥폴린Owen McPolin 신부(1 · 3대 광주교구장)와 아일랜드 선교사 열 명이 부산항으로 입국한 후, 1934년 목포에서 첫 선교를 시작하면서 일제강점기를 온몸으로 견뎌 내었다.

당시 젊은 사제와 신학생들은 학병이나 노무자로 끌려갔고, 신자들은 감시와 체포를 당했다. 고해성사를 비밀 통신으로 오해하여 중단시키고 교회 건물을 압류하고 징발해 가자, 골롬반 사제들은 "행사 때 내건 만국기 중에서 일장기를 떼고 발로 밟아 교우들의 민족의식을 일깨워 주었다. 신사참배를 거부하도록 했고, 학생 교우들에게 '일본어는 배우지만 쓰지는 말라'고 가르쳤다"(『조선일보』 1999년 8월 14일 자). 그 결과 체포되어 본국으로 송환되거나 가택 연금을 당했다.

어려움은 여기서 그치지 않았다. 1950년 한국전쟁 당시 사제 일곱 명이 강원도, 광주, 대전, 북한 지역에서 순교하였고 두 명은 북한 포로수용소로 죽음의 행진을 해야 했다. 전쟁 후에도 골롬반 사제들은 우리 동포와 함께 아주 어려운 생활을 하면서 한국 교회의 복음화를 위해 힘썼다.

1955년 한국에 진출한 골롬반수녀회는 '성 골롬반 병원'을 설립한 후 전라남도 목포와 섬 주민을 위한 의료봉사에 앞장섰고, 한국인들이 나환자를 두려워한다는 것을 알게 된 후 나환자 치료를 위해 헌신하였다.

골롬반회는 1953년 '레지오 마리애'를 한국 교회에 소개하고 확산시켜 교우들의 이웃 사랑 실천을 북돋워 주었다. 또 1962년 3월에는 광주 가톨릭대학교(당시 대건신학교)를 설립하여, 한국교회의 자생적인 성장과 성숙의 문을 열었다.

제주도에서는 1940년대 초부터 도민들과 고통을 함께 했고, 1950년 6·25전쟁 후에는 한림 본당을 중심으로 제주도민의 자립과 가난 극복을 위해 이시돌 협회와 목장을 만들어 목축과 방직을 하였다. 또한 신용협동조합과 병원을 설립하고, 요양원을 운영하여 사회복지에 힘썼다.

춘천에서는 1939년부터 지역 활성화와 복음의 사회화를 위해 일했다. 1966년 박정희 전 대통령이 경제개발계획과 산아제한정책을 실시하던 때, 골롬반수녀회는 '자연가족계획법'을 전개하여 생명 존중의 가치를 일깨우고 구체적 실천 활동을 펼쳤다.

한편, 제2차 바티칸공의회의 영향으로 각 나라 문화에 대한 새로운 인식과 적응의 중요성을 인식한 후로는 다채로운 선교 활동을 해 왔다. 학생 사목과 병원 사목, 행복한 가정 운동, 교리교사 지도, 한국문학의 영어 번역 및 대학 강의를 통한 문화 교류, 종교간 대화, 정의와 인권 운동 등이다. 특히 가난한 이들을 우선시하여 도시 빈민 사목과 장애인 재활, 노동 사목, 단주 및 단도박 교육을 진행해 왔고, 에이즈 감염자 쉼터, 노인복지 및 호스피스 활동, 생태 보전 운동 등을 전개하고 있다.

1990년대 이후 한국 교회와 협력하여 해외 선교사를 위한 교육을 진행하고, 교구사제를 선교사로 교육하고 파견하는 지원사제 프로그램을 실시해 왔다. 또한 1989년부터는 '평신도 선교사'를 양성하여 필리핀, 미얀마, 일본, 칠레, 대만 등지에서 선교 활동을 하도록 독려하고 있다.

한국과 해외에서 활동하는 골롬반 회원은 "우리를 자기가 아니라 그리스도에 속하도록 합시다", "창조주를 알고 싶다면, 창조를 이해하십시오", "평화에 대한 지식은 우리가 평화를 실천하지 않는 한 아무 소용 없습니다"라는 성 골롬반의 말씀에 따라 선교 열정을 품고서 가난한 이들과 연대하여 복음화의 길을 걷고 있다.

<h1 style="text-align:center">마치며 성 골롬반을 위한 헌사</h1>

존경의 표시로 족장의 돌무덤에 돌을 하나씩 얹고 지나가는 아일랜드의 오랜 풍습(cloch a chur ar a leacht)은, 수세기를 내려오면서 많은 이들이 골롬반의 행적에 찬사를 하나씩 더해 온 것을 떠오르게 한다. 첫 번째 천 년을 마감한 교황 실베스테르 2세Sylvester II(재위 999~1003년)부터 두 번째 천 년을 마감한 교황 요한 바오로 2세John Paul II(재위 1978.10.16.~2005.4.2.)에 이르기까지, 교황들은 골롬반의 성취에 아낌없는 찬사를 보냈다. 한편 학자, 저술가, 정치가들은 그의 무덤에 꽃다발을 바쳤다. 그의 업적에 대한 많은 헌사 가운데 19~20세기에 더해진 것들을 전하며 글을 마무리하려 한다.

서양에서 가장 큰 두 인종을 통합하기 위해 그리스도교를 독려한 이들 중 가장 걸출한 인물

— 몽탈랑베르Montalembert(19세기 프랑스 앙리 라코르데르 수도원장)

성 골롬반은 책을 사랑하는 사람들의 성인이다.

- 가브리엘레 단눈치오Gabriele D'Annunzio(이탈리아의 시인, 소설가, 극작가)

켈트족의 비범한 선교 정신은 뛰어난 능력을 발휘한 인물들을 키워 내고, 진정 아름다운 인격을 갖춘 사도들을 세상에 파견했다. 물론 그 가운데 골롬반이 가장 위대하리라.

- 조지 과이요Georges Goyau(로마 가톨릭 교회학자)

성 베네딕도는 성 골롬반의 집에 와서야 어른이 되었다.

- 돔 카브롤Dom Cabrol

학자들이 중세라고 알려진 시대를 조명해서 드러나는 빛이 선명하면 할수록 골롬반의 결단과 노력에 감사드리게 된다. 그는 프랑스·독일·이탈리아의 넓은 지역에 그리스도교의 가르침과 문화를 일깨웠다.

- 교황 비오 11세Pope Pius XI

성 골롬반은 새로운 모세이며, 성 프란치스코에게 영향을 준 인간적인 모세이다.

- 당댕 신부Père Dandin의 연설에서

위대한 선교사 골롬반이, 직접 가르쳐서 회심시킨 이들의 마음 속으로 돌아갈 수 있도록 도와주소서.

— 루이 마들랭Louis Madelin(저명한 프랑스 역사가)

우리가 골롬반의 영향력에 비견될 사람을 만나려면 성 베르나 르도가 등장할 때까지 기다려야 한다. 성 골롬반은 프랑스에서 살았던 아주 위대한 사람이다. 그는 샤를마뉴와 더불어 중세 초기의 가장 뛰어난 인물이다.

— 레옹 카트린Léon Cathlin(골롬반의 수도승들에 대하여 집필한 시인이자 소설가이며 극작가)

유럽인의 정신에 무언가 전해 준 이를 꼽는다면, 단연코 성 골 롬반이다.

— 앙드레 빌리André Billy

성 골롬반은 위대한 아일랜드인이었을 뿐만 아니라, 그 시대 가장 위대한 유럽인 중 한 명이다.

— 숀 맥브라이드Seán MacBride(아일랜드 정치인, 노벨평화상 수상자)

성 골롬반은 교황권을 충실히 따르는 동시에 수도생활의 중요 성을 강조했다. 그는 최고 권위에 순종한 모범이자, 정당한 이유가 승소하도록 용감히 맞선 본보기다.

- 교황 요한 23세 Pope John XXIII

6세기 생활 방식을 돌아보면, 골롬반의 발언은 이사야나 예레미야 같은 이스라엘 예언자들의 외침과 같다…. 골롬반의 영향은 거의 반세기 동안 영혼을 뒤흔들어 놓았다. 그가 지나간 지역마다 거룩함이 자리 잡기 시작했다.

- 다니엘롭스 Daniel-Rops (프랑스 신학자이자 교회사가)

성 골롬반은 유럽의 일치를 추구하는 이들의 수호성인이다.

- 로베르 쉬망 Robert Schuman (프랑스 외무장관)

성 골롬반의 정신은, 참된 삶의 의미와 그리스도교 사상 및 실천의 유익함을 전하려고 아일랜드에서 세계로 나간 현재 그의 제자들 속에도 살아 있을 것이다.

- 에이몬 데 벌레라 Eamon de Valera (아일랜드 제3대 대통령)

—— 성 골롬반에게 바치는 기도

골롬반이여, 주님께 빌어 주소서.
저를 버리지 마시고
제가 주님께 귀의하도록
골롬반이시여, 그분께 빌어 주소서.

시 「한밤중에 굶주린 채 헤매고 신음하니」Nocte dieque gemo quia sum peregrinus et egens는 체벌을 피하려고 보비오 수도원에서 도망쳐 나온 아일랜드 수도승이 지은 기도시다. 베로나에서 가르치는 동안 수도원 복귀를 허락받길 청하며 이 기도문을 지었다(850년경).

오 하느님, 놀라우신 당신은 성 골롬반에게 복음을 선포하려는 의지와 수도생활을 실천하려는 열망을 주셨습니다. 골롬반의 중재와 모범을 통해, 모든 것 안에서 당신을 찾고 당신을 믿는 이들이 더 늘어나도록 온 힘을 쏟고자 우리를 당신께 바치옵니다. 우리 주 그리스도를 통해 기도드립니다.

– 아일랜드어판 로마 미사 경본An Leabhar Aifrinn Rómbánach(1973)

543년   아일랜드 렌스터에서 출생

560년   클리니쉬 수도원 학교에서 공부

564년   뱅거 수도원 입회, 서품

588년   '그리스도를 위한 나그네'가 되기 위해 동료 수사들을 이끌고
          본국을 떠남

589년   현재의 프랑스에 도착

590년   첫 번째 '아네그레 수도원'
   ₹   두 번째 '뤽세유 수도원'

610년   세 번째 '퐁텐느 수도원' 설립

600년   전례 규칙 위반과 성직자 사생활 비판으로 지역 주교와 대립
          교황 대 그레고리우스에게 항의 편지 발송

603년   왕자의 사생활 비판으로 왕실과 갈등

610년   뤽세유에서 추방되어 다른 지역으로 순례

611년   브레겐츠에서 갈과 함께 공동체 설립

612년   알프스를 넘어 이탈리아 밀라노에 도착

613년   교황 보니파시우스 4세에게 아리우스 이단을 강하게
          조치해 달라는 편지를 보냄

614년   '보비오 수도원' 설립

615년   이탈리아 보비오 수도원에서 11월 23일 선종
          보비오 성 골롬반 대성당 지하에 안장

성 골롬반의 선교 여정

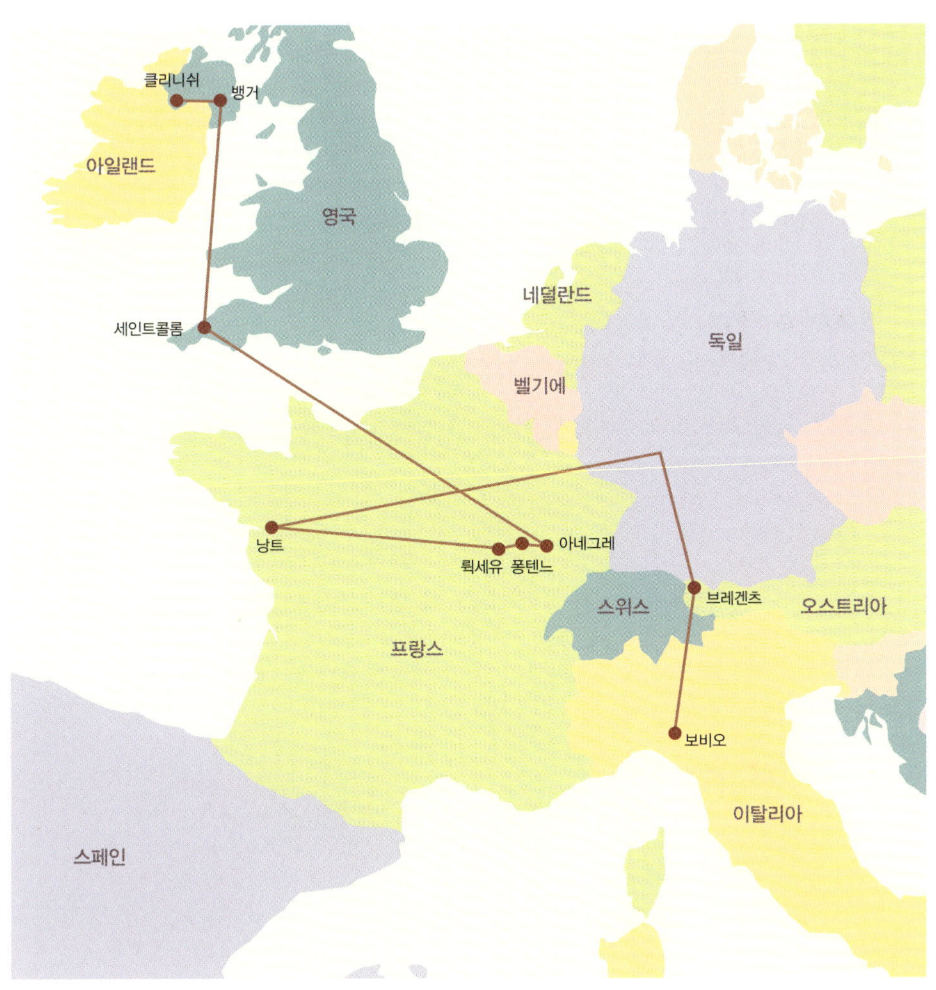
클리니쉬
뱅거
아일랜드
영국
네덜란드
독일
벨기에
세인트콜롬
낭트
뤽세유 퐁텐느
아네그레
스위스
브레겐츠
오스트리아
프랑스
보비오
스페인
이탈리아

성 골롬반과 그의 저작에 대한 긴 서지 목록은 J. Kenney, *The Sources for the Early History of Ireland*(New York 1929) 및 뒤브와Dubois와 워커Walker의 책에 나온다. 이 문헌들은 J. Strzelczyk, *Iroszkoci w Kulturze Stedniowiecznej Europy*(Warsaw 1987)의 서지 목록으로 보충할 수 있다. 여기에서는 아일랜드에 없는 논문들과 책들을 밝힌다. 따라서 어디서나 확인할 수 있는 긴 주제 목록은 반복하지 않겠다. 또 독자에게 더 연구할 거리를 주고 다른 편찬을 위해 덧붙여야 할 문헌들만 넣었다.

1) 골롬반의 저작들

The Irish Penitentials, Dublin 1963. L. Bieler (ed.)(골롬반의 참회에 대한 라틴 사본과 아일랜드 참회 문학에 대한 영역과 서문 포함).

Le Pénitentiel de Saint Columban, Tournai 1958. J. Laporte (ed.)(동일한 라틴 사본과 불어역 및 이 문서에 대한 긴 논평 포함).

Studies on the language and style of Columba the Younger(Columbanus), Amsterdam 1971. J.W. Smit(골롬반의 편지 1-6편, 설교 1, 시의 작가인지 확인하는 자료 비평).

Sancti Columbani Opera, Dublin 1957. G.S.M. Walker (ed.)(친필이 아니라고 의심받는 작품을 포함한 골롬반의 전체 라틴 저작과 영역본 포함).

'성 골롬반 작품집Opera Sancti Columbani의 새 판본에 대하여', M. Esposito, in *Classica et Mediaevalia*, 21, 1960, 184-203.

2) 요나가 집필한 골롬반의 생애

"Vitae Columbani Abbatis discipulorumque eius libri duo", *Monumenta Germaniae Historica, S.S. rer. Merov.*, iv(1902), 1-152, B. Krusch (ed.).

Ionae Vitae Sanctorum Columbani etc. *(SS. rer. Ger. in usum scholarum)*, *Hanover and Leipzig* 1905(전문적 라틴 서문이 담긴 최고 편집본), B. Krusch (ed.).

요나의 책에 크루쉬Krusch가 내용을 덧붙인 것은 *MGH, SS. rer. Merov.*, vii,

ii(1920), 822-827 참조. 아쉽게도 아일랜드의 도서관에는 요나가 집필하고
크루쉬가 편집한 책이 거의 없고 (불완전한) 라틴 사본은 Migne, PL., vol.87,
1011-1084에서 가장 쉽게 찾아볼 수 있다.
'성 골롬반의 이력에 대한 필사본'은 *Trans. RIA,* xxxii, c(Dublin 1902~1904)
1-132. 요나의 가장 중요한 필사본의 특정 내용을 재현한 사진과 그에 대한 사
료 비평은 H.J. Lawlor.
Vita Columbani et discipulorum eius, Piacenza 1965, M. Tosi (ed.).
Vie de Saint Columban et de ses disciples(Bellefontaine 1988). 요나 책의 불어역
은 A. de Vogüé.

3) 근대에 편찬된 골롬반의 생애 관련 책

P. Buzzi, *Columbano d'Irlanda, il santo ed il poeta,* Locchi 1921.

H. Concannon, *Life of Saint Columban,* Dublin 1915.

M.M. Dubois, *Un pionnier de la civilisation occidentale: Saint Columban,* Paris
1950.

J.J. Laux, *Der heilige Kolumban, sein leben und seine Schriften,* Freiburg,
1919(Metlake의 독어역이 대부분).

E.J. MacCarthy, *St Columban,* Nebraska-New York 1972(많은 여러 보조 자료를
참고한 몽탈랑베르Montalembert의 설명 첨부).

F. MacManus, *Saint Columban,* Dublin-London 1963.

E. Martin, *St Colomban,* Paris 1905(3rd ed. 1921).

G. Metlake, *Life and Writings of St Columban,* Philadelphia 1914.

J. Roussel, *St Colomban et l'épopée colombanienne,* 2 vols., Bescançon 1941/42.

J. Wilson, *Life of St Columban,* Dublin 1953.

4) 성 골롬반의 생애를 독특한 관점에서 접근한 책

골롬반의 연대기는 "the Chronology of St Columban", J. O'Carroll, *Ir. Theol.
Quarterly,* 1957.1., 76-95. 골롬반의 생일에 대한 최초의 논쟁은 A. Gwynn,
"The Date of St Columban's Birth", *Studies,* 1918.9., 474-484와 1919.6.,
66-68. 반론은 H. Concannon, id., 59-66.

골롬반 성인의 생애와 저작들에 대한 다른 견해는 다음을 보라.

F. Blanke, *Columban und Gallus,* Zurich 1940.

M. Lapidge, "The authorship of the Adonic verses 'Ad Fidolium', attributed to

Columbanus", *Studi Medievali,* 3rd ser. 18, 1977, 2, 249-314.

H. Löwe, "Columbanus und Fidolius", *Deutsches Archiv,* 37, 1981, 1-19.

E.J. MacCarthy, "Portrait of S. Columban", *Ir. Eccles. Rec.,* 1xxiv, 1950, 110-115.

G. Mitchell, "St Columbanus on Penance", *Ir. Theol. Quarterly,* 1951, 43-54.

J.F. O'Doherty, "St Columbanus and the Roman See", *Ir. Eccles. Rec.,* x1ii, 1933, 1-10.

A. Oennerfors, "Die Latinität Columbas des Jüngeren in neuem Licht", *Zeitschr. f. Kirchengesch,* 83, 1972, 1, 52-60.

D.D.C. Pochin Mould, "St Columban and the Mass", *Ir. Eccles. Rec.,* xcvii, 1962, 296-303.

5) 신심과 수도회들

Mélanges Colombaniens(Paris 1951)은 1950년 뤽세유 국제회의 자료집으로, 이 주제에 대한 귀중한 정보와 유익한 논문들이 포함되어 있다. 성인의 인간성 (L. Bieler)과 참회(G. Mitchell), 아일랜드에서 받은 수련(A. Gwynn)과 유럽 서부에서 맺은 다양한 관계에 대한 것들이 그러하다. 성 골롬반에 대한 일반 신심은 L. Gougaud, *Gaelic Pioneers of Christianity*(transl. V. Collins), Dublin 1923; *Les Saints irlandais hors l'Irlande,* Louvain-Oxford 1936을 보라. 골롬반을 따르는 대수도원들에 대해서는 T.Ó. Fiaich, *Gaelscrínte san Eoraip,* Dublin 1986을 보라.

연관하여 *Columbanus and Merovingian Monasticism,* Oxford 1981과 *Die Iren und Europa,* Stuttgart 1982를 보라.

아래 문헌은 수도원이나 그 연관 지역에 대한 상세 정보가 나온다.

San Colombano e la sua poera in Italia(1951.9. 보비오에서 열린 역사적 회의록), Bobbio 1953.

F. Cabrol, *Luxeuil et Saint Colomban,* Luxeuil 1926.

J.M. Clarke, *The Abbey of St Gall as a centre of literature and art,* Cambridge 1926.

C.B. Curti-Pasini, *Il culto di S. Colombano in San Colombano al Lambro,* Lodi 1923.

A. Maestri, *Il culto di San Colombano in Italia,* Piacenza 1955.

M. Stokes, *Six months in the Apennines in search of vestiges of the Irish saints in Italy*, London 1892(보비오와 그 지역에 관하여).

M. Stokes, *Three Months in the Forests of France*, London 1895(뤽세유와 그 지역에 관하여).

A. Tommasini, *Irish Saints in Italy*, London 1937(J.F. Scanlan 이탈리아어역).

옮긴이의 글

이 책은 유럽의 첫 선교 수도승인 골롬반(543~615년)의 생애와 친서를 다룬다. 골롬반은 아일랜드에서 태어나고 자랐으며, 스물한 살부터 중년을 맞을 때까지 뱅거 수도원에서 검소한 수도생활을 하였다. 불혹의 나이인 마흔 중반이 되었을 때, 골롬반은 '그리스도를 위한 나그네'로 살겠다는 사명을 실천에 옮긴다.

수도원장의 허락을 받고 동료 열두 명과 배에 오른 그는 아일랜드를 떠나 유럽의 갈리아, 오늘날 프랑스 지역에 정착하여 세 수도원을 잇달아 창설한다. 그러나 그 지역 주교들과 갈등을 빚게 되고 후원해 주던 왕가에게 미움을 사는 바람에, 결국은 20년간 정든 땅에서 추방당하고 만다.

이후에 골롬반은 오늘날의 독일, 스위스, 이탈리아 지역을 돌아다니면서 '그리스도를 위한 나그네'로서 살아간다. 칠순이 된 노구의 몸을 이끌고 젊은이에게도 힘든 알프스 산을 넘어 마침내 이탈리아의 '보비오'에 마지막 수도원을 설립하고, 이듬해에 선종하여 보비오 성 골롬반 대성당 지하에 안장되었다.

골롬반은 수도승이자 선교사로서 가난하고 금욕적인 삶을 실천하고 가르쳤으며 유럽 교회의 복음화를 위해 애썼다. 그는 젊은 제자 수도승들과 함께 참된 덕을 키워 나갔고, 선교 지역 성직자들 및 왕가의 부정과 불의 앞에서 타협할 줄 몰랐다.

이처럼 유럽 곳곳에서 선교와 수도생활을 하면서, 여러 편의 글을 남긴다. 먼저 수도승들을 위해서는 『수도승 규칙서』와 『공동체 규칙서』 및 『참회론』을 썼고, 신자들을 위해 『설교집』을 집필하였다. 지역 주교들이 그리스도의 참제자로 살기 바라면서, 교황들에게 올바름과 선함을 묻고 답변을 청하는 '편지'들을 보낸다.

이단과 권력 다툼에 물든 유럽 교회와 사회의 지도자들뿐 아니라 많은 수도승과 지역민을 만나는 바쁜 중에도, 골롬반은 틈만 나면 인적 드문 숲속 작은 동굴 기도실을 찾아 하느님과 함께 머물렀다. 그런 기도와 관상이 있었기에 '시' 작품들을 쓸 수 있었으리라.

이 책은 유럽 교회의 수호성인인 골롬반의 간략한 생애와, 그의 라틴어 친필을 일부나마 번역하여 소개한 점에서 다른 골롬반 관련 서적들과 구별된다. 현재 한국어로 된 골롬반 관련 단행본이 전무하기에, 이 책은 골롬반 성인의 삶과 정신을 이해하는 데 좋은 길잡이가 될 것이다.

원서에 들어 있지 않은 골롬반 성인과 성 골롬반 외방선교회 관련 사진들을 첨부하였다. 사진들이 책 내용과 정확히 일치하지는 않지만, 편안하고 친밀하게 독자에게 다가가길 바라는 마음으로 함께 넣는다. 원서 말미에 나오는 유럽의 골롬반 성인 유적에 대한 내용은 한국 독자들과 다소 거리감이 있어서 허락을 얻고 일부를 뺐다.

한국에 그리스도교가 전래된 지 어언 230년이 흘러 왔고, 한국 교회에서 본격적으로 해외 선교사를 파견한 지 20년이 되어 간다. 2000년대를 맞으면서 해외에서 활동하는 한국인 선교사도 1,000명 가까이 된다는 점에서, 이 책은 선교 생활을 준비하는 이들과 보편 교회에 관심을 갖고 있는 독자들에게 그리스도교 신앙생활과 선교의 의미에 대해 성찰하도록 도와줄 것이다.

프란치스코 교종은 『복음의 기쁨』과 『찬미받으소서』를 통해서, 그리스도인들은 더 이상 교회 울타리 안에만 머물러 있지 말고 사회를 올바로 바라보고 정의와 사랑을 실현하기 위해 일해야 한다고 권고하였다. 우리는 1400년 전에 활동한 골롬반의 삶과 친필을 통해서, 이 시대에 교회 쇄신과 사회 평화 및 정의를 위해 어떻게 살아야 할지 가늠해 볼 수 있을 것이다.

※본서에 나오는 여러 인지명은 가능한 한 해당 지역의 발음으로 표기했다. 그러나 관례를 따르거나 고전 라틴어 표기법을 사용한 경우도 있다.